1日1分でダメな自分を変える！
習慣化イノベーション

「続けられない自分」を変える本

習慣化できる人が人生を変える

大平信孝
NOBUTAKA OHIRA

フォレスト出版

We are what we repeatedly do.
Excellence, then, is not an act, but a habit.

人は繰り返し行うことの集大成である。
だから優秀さとは、行為でなく、
習慣なのだ。

——アリストテレス

何度やると決意しても
挫折してしまうすべての人へ。

はじめに

この本は、たった1分間で「続けられる自分になる方法」を書いた本です。


「やるぞ！　と決意したのに、すぐにあきらめてしまう」

「年初に今年こそ！　と決意したことなのに、1カ月後には忘れてしまった」

「英語の勉強をやろうとしたけれど、3日でやめてしまった」


そんな経験をしたことはありませんか？


私は、これまで5500人以上の方々の行動を加速させるお手伝いをしてきました。

その一環として、『本気で変わりたい人の行動イノベーション』、『今すぐ変わりたい人の行動イノベーション』（ともに秀和システム）という2冊の本を出版しました。

なかなか行動に移せなかったり、やるべきことをいつも先延ばしにしたりしてしまう方々が、実際に変わっていくのを見てきました。

何かを決意し、最初の一歩を踏み出し行動する人は、実は少ないです。

そして、行動を始めること以上に、「やり続けることが難しい」と感じている人はとても多いのではないでしょうか。

実際に、私のところに相談に来られる方のなかにも、一歩踏み出したにもかかわらず、「続けられない」「3日坊主で終わってしまう」「やると決めたことを習慣にできない」などという方が、少なからずいらっしゃいます。

行動することは何よりも大切です。

そして、それを何かしらの「結果」につなげるためには、

「行動を続けられるかどうか」

が重要なのです。

逆にいえば、結果が出るまで続けさえすれば、あなたが望むことは実現できます。

続けられる人が、すべてを手に入れる

あなたは、「パレートの法則」をご存じでしょうか？

「80：20の法則」とも呼ばれているもので、元々は「売上の8割は全顧客の2割が生み出している」など経済事象を解説するために使われていた法則です。今では、人間の心理や行動を解説する際にも用いられるようになってきています。

以前、私の尊敬する先輩が、「パレートの法則」にひもづけて、「行動し続ける人の割合」について話をしてくれたことがあります。

その内容は「『行動』という観点でも、『パレートの法則』は当てはまる」というものでした。

たとえば、「こういう行動をしたほうがいい」と100人がセミナーで教わったとします。そのうち「すぐに行動に移す人」は全体の2割、つまり20人ほどです。では、その20人のうち「行動し続ける人」はどのくらいいるかというと、そのなかのさらに

2割。たった4人しかいないそうなのです。

100人のうち96人は、「続けない」のです。

だから、**「続ける」だけで4%に入れてしまう**のです。

実際、ほとんどすべての成功者は、習慣を味方にしています。実は成功するかどうかと、才能や知識、能力、意志の強さとは関係がありません。

結局「やり続ける人」がすべてを手に入れるのです。

自分との約束を守り、やると決めたことを、実行すれば必ず結果は手に入ります。

「続けられない自分」から「続けられる自分」に変わる方法

そうは言っても、こう思う方もいるかもしれません。

「でも、その『続ける』のが一番難しいんだよ」

たしかにその通りです。

でもご安心ください。現在私は、行動や習慣化をして変わりたい方のサポートをする行動イノベーションの専門家ですが、実は、以前の私は何をやっても続けられない人間でした。

いろんな理由をつけて、すぐに行動をやめてしまうタイプだったのです。正確に言えば、私の場合は「どうでもいいと思っている『行動』は続けられるのに、自分で大事だと感じている『行動』は続けられない」という人間でした。

就職活動に失敗し、職を転々とした20代。

「どうして自分は仕事も英語の勉強もジム通いも続けられないのだろう?」

「他の人が普通にできることが、なぜ自分にはできないのだろう?」

と、自分を責め続け、苦しみ続けました。

ある日、妻から「軸なし!」と叱られたことをきっかけに、アドラー心理学をベースにしたコーチングに出会いました。しかし、そのコーチングの練習すら続かず、またそこでも「続けられない自分」に悩み続けていました。

そんななか、本書でご紹介する習慣化のある法則に気づいたことで、

・毎日欠かさずメルマガ800日、約2年半以上
・瞑想
・息子たちと15分遊ぶ朝活
・1日1冊の読書
・ウォーキング
・朝晩のセルフコーチング

などが、続けられるようになったのです！

今回「続けられない自分」を「続けられる自分」に変える秘密の方法を公開します。


「何をやっても続かない」

「飽きっぽい」

「意志が弱い」

と思っているのなら、その考え方はもったいないです。

自分は結局何をやっても続かない人間だと思っていると、実際に何をやっても続か

なくなります。

続かないのはあなたが悪いのではありません。

ただ前提が違っているだけなのです。

詳しくは本書で述べていきますが、

「エモーショナルハビット」

というメソッドで、あなたは続けられるようになります。

これは、**アドラー心理学をベースにしたセルフコーチングメソッドで、多くの人がすでに実践し、行動を習慣に変えてきたシンプルかつパワフルな方法**です。

想像してみてください。ダイエット、勉強、朝活、早起き、読書、ジョギング……など、あなたが続けたいと思ったことを、しっかりと続けられるようになるとしたら、どんな毎日が待っているでしょうか?

また、夢や目標があるときに「続けられる自分」になっていたら、どれだけ簡単に実現できるでしょうか?

この本の内容を実践することによって、
「楽しく」「簡単に」「1日1分で」
あなたが続けたいと思ったことを、習慣化できるようになります。
これまで何度やっても「続かなかった自分」を変えることができます。

アリストテレスの言葉にもある通り、人は習慣でできています。自分を成長させるのも、夢を達成するのも、仕事で結果を出すのも、習慣なくしてはたどりつけません。ぜひ本書を最後までお読みいただき、気軽に実践してみてください。

本気で人生の流れを変え「続けられる自分」という新たな道を歩もうとしているあなたに、「その歩みの一歩一歩を思い切り楽しんでほしい。そしてあなたはそのままで大丈夫だから、自分を信頼して、今を生きよう！」それが、本書を執筆しながら私が一心に込めた思いであることを最後にお伝えし、まえがきの結びとします。

大平信孝

「続けられない自分」を変える本　もくじ

第1章 「続けられない自分」を変えられない理由

第2章
続けられる自分になる「エモーショナルハビット」

第3章
習慣化シートのつくり方

Contents

第4章

50秒で「感情」を味わい 10秒で「行動」する

第5章 「習慣化」を加速させる方法

Contents

第6章 自分と仲良くなる習慣

Contents

プロデュース　鹿野哲平
編集協力　高橋淳二
カバーデザイン　萩原弦一郎、藤塚尚子（デジカル）
イラスト　せとゆきこ
図版　二神さやか
ＤＴＰ　佐藤千恵（株式会社ラクシュミー）
素材提供：KreativKolors, Leremy, Samarets, E_K, 3d_kot/Shutterstock.com

Contents

第1章

「続けられない自分」を変えられない理由

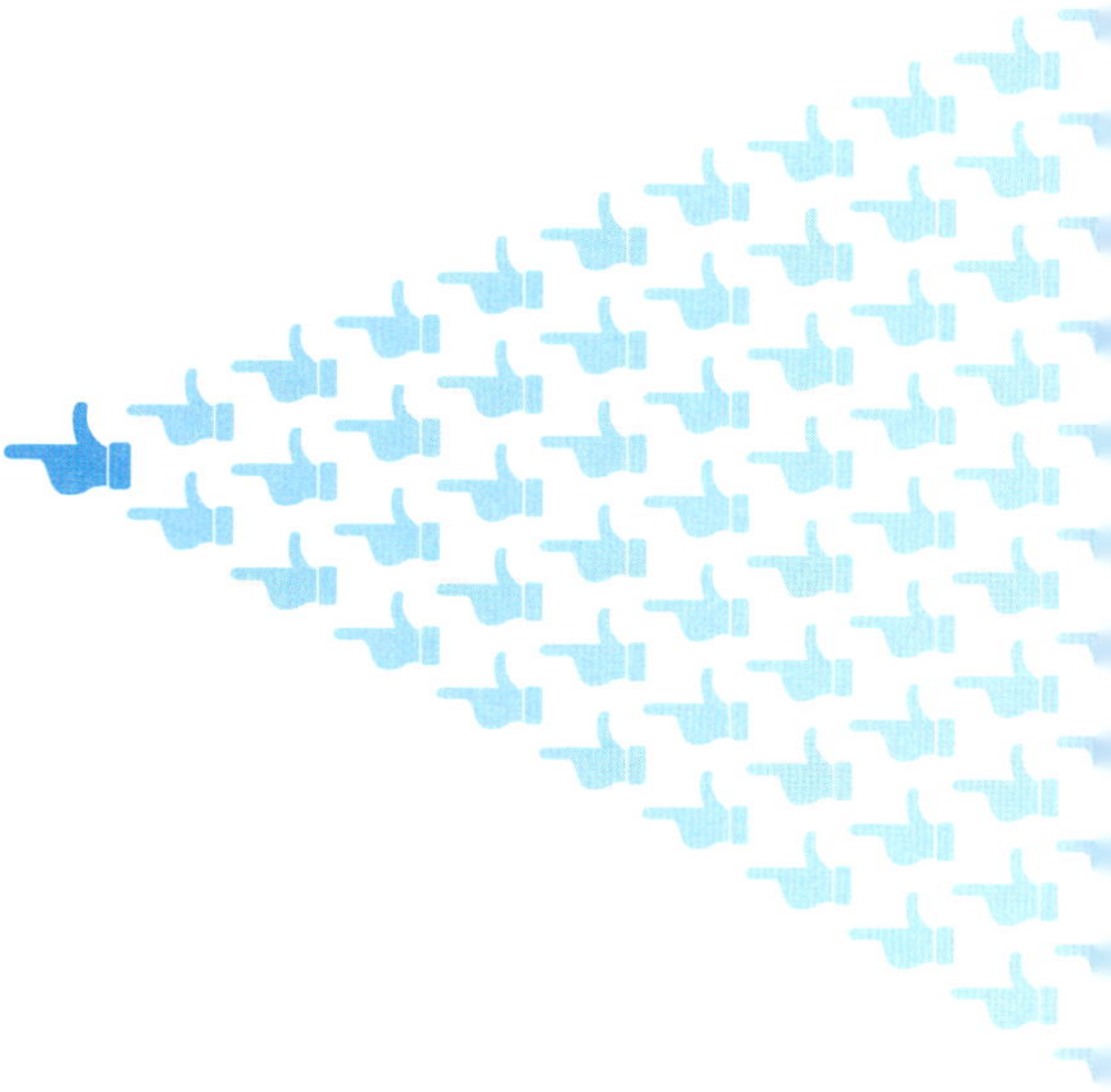

96%の人が越えられない壁

あなたが今「習慣」にしたいことはありますか?

・ダイエット
・英語の勉強
・ランニング
・日記
・スキルアップ
・読書
・瞑想

……など、なんでもかまいません。きっと、ほとんどの人が「○○をやってみよう」「自分磨きのために○○の勉強をしてみよう」「毎日腹筋を30回やろう」などと、何かしら決意したことがあるはずです。

あなたは決意を行動に移し、それをやり続け、習慣にできているでしょうか？

もしも、あなたが「結局、続けられずに挫折した」という経験を持っているとしたら、ぜひ本書を最後まで読んでみてください。

本書は、「本気で変わりたい」と思っている人のために、「習慣化するためのシンプルな方法」を書きました。

私は、「行動イノベーション（革新）」の専門家として、続けられない、優柔不断、自分を責める癖、先延ばし癖、などに悩む人に対して、夢に向かう「行動の人生」へと舵を切るお手伝いをさせていただいています。これまでに５５００人以上の方たちの行動革新・習慣化のサポートをしてきました。

最初の一歩を踏み出した人にとって、次の壁が「行動を習慣に変えること」。この壁を越えられない方が、実はものすごく多いのです。

やりたくないことなら続けないほうがいい

「読書を新しい習慣にしたい」
「10キロ痩せるためにダイエットを続けたい」
「英語を話せるようになりたいから、毎日勉強する時間をつくろう」

など、多くの人が日々、新しい習慣を手に入れようと考えます。

しかし、習慣化をするために、もっとも大事なことがあります。それは、

「本当に習慣化する必要があるか？」

ということです。

「これいいよ」と人に勧められたり、テレビやネットなどで取り上げられたりしたものを、「これいいかも」と思って、手当たりしだいに習慣化しようとする人がいます。

たとえば、次のような人です。

「普段英語をまったく使わないけど、英語を話している友人がかっこよかったから、自分も英語をペラペラ話せるように英会話の勉強を始める」

「別に痩せたいわけじゃないけど、ダイエットに成功してイキイキしている友人と再会して、なんとなくダイエットしたくなった」

「特に書くことがあるわけじゃないけど、起業して活躍している先輩の話を聞いて、ブログを始めた」

自分にとって本当はどうでもいいことを続けるのは、本末転倒です。

本気でやりたいこと、必要なことではないので、当然挫折《ざせつ》する可能性が高くなります。

仮に続けられて実現したとしても、あまり変わらないからうれしくないし、達成感も少ない。先ほどの例でいえば、英語を話せるようになったとしても、英語を使う機会がないため、なかなか効果を実感できません。

さらに、習慣化に失敗して、「こんなこともできないなんて……。能力のない、意志の弱いダメなやつ」と自分のことを思ってしまったら、むしろ行動はマイナスです。

なんでもいいから習慣化するのではなく、自分にとって大事であり、意味のあることを習慣化するのがポイントです。

続けられなかった人の後遺症

習慣化に失敗すると、失敗そのもの以上に負う「代償」のほうが大きいのです。

それは、「自分を責める」ということ。

たとえば、

「またダイエットに、失敗してしまった。自分はなんて意志が弱いのだろう……」

「いつも、何をやっても続かない……」

「また、お金も時間も無駄になっただけ」

「こんな後味の悪い思いをするくらいなら、ダイエットなんてしなければよかった」

などと、必要以上に自分を責めてしまい、自分自身の能力や存在そのものまでも否定してしまうのです。

同じような経験は私にもあります。

私は、何をやっても続かない人間でした。

サラリーマン時代は、いくつもの仕事を転々としていました。

当時、私は税務専門誌の編集の仕事をしていて、「論文を書けるレベルになれば、もっと収入が上がるはず」と思い、テキストを購入したり、専門学校に通い直したりしました。

しかし、始めたものの、一向に勉強は進まず、「勉強をやってはやめ、また始めては挫折する」を繰り返していました。

そうかと思うと、まったく別のセミナーに興味を持ち、さまざまなことを学びに行き、何かを決意しては、すぐに挫折するのを繰り返していました。また、英語を勉強したいと思って、英語学習を始めても続くことはなく、どんどん自分に自信をなくしていったのです。気がつくと、

「結局、自分は何をやってもダメなんだ……」

「飽きっぽい自分は、何をやっても続かないんだ」

「こんなことすら続けられないなんて、なんて自分はダメなんだろう……」

と思うようになっていたのです。

あなたにもそんな経験はありませんか？

自分を責めるのはもうやめよう

「どうしてほかの人にできることが、自分にはできないのだろう？」

「毎日読書すると決めたのに、3日も続かないなんて……」

「自分の意志の弱さはどうしようもない」


このように、自分を否定するクセがついてしまうと、自分の能力や可能性についても否定し始めます。

自分は意志が弱い、なまけものだ、ダメ人間だ……などと、心のなかで自分を罵り、ついには自分を信じられなくなります。

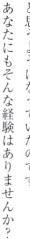

こうなってしまうと、何をやってもうまくいきません。

ダメな自分であることが常態化してしまい、

「続かない自分は当たり前」

「自分との約束を破るのもいつものこと」


などと、考えるようになってしまいます。

「すぐやめる自分」を責めることに意味はありません。ですから、あなたがこれまでに「続かなかった」「習慣化できなかった」という経験があったとしても、今日からすべて忘れてください。

今日から考えるべきは、

「どうすればできるだろうか？」

それだけでいいのです。

あなたにとって「本当に重要なこと」を続けよう

たいしてやりたくもないことや、自分にとって重要でもないことの習慣化は、失敗や自分を責めることにもつながります。

だから、今日からはやめましょう。

続けられる自分になるために大切なのは、

「あなたにとって、人生のカギになることを習慣化すること」


です。

私は人生のカギになる習慣のことを「キーハビット」と呼んでいます。

「自分の人生を左右するもっとも重要なこと」を達成するための習慣なら続けられるのです。

人生は思いのほか短い。

一日のうちにできることも限られています。

いつも余裕があって、どんどん新しいことに挑戦できる余力のある人ならいいでしょう。

しかし、ほとんどの人はそうではないはずです。

仕事や勉強、家事、プライベートの時間など、すでに1日のタイムスケジュールはほかの予定で埋まっていると思います。

そんな人が、「たいしてやりたくもないこと」を続けるのは、ほとんど不可能に近いでしょう。しかも、自分にとって重要でないことで、自分を責め、自信を失っていくのは本当にもったいないことです。


習慣化を成功させるには、まずやろうとしていることが本当に自分にとっての「キーハビット」かどうかを考えてみてください。

習慣を味方にできる人が、人生を変えられる

そもそも、「なぜ、続けなければいけないか」という話をしておきます。

その理由は、

習慣を味方にすれば、夢や目標が加速実現できる

からです。

私は行動イノベーションの専門家として、「なかなか行動に移せない」という方のサポートをさせていただいています。

行動することは、夢や目標を達成する第一歩になります。

そして、夢や目標が高ければ高いほど、次に大事になってくるのが「行動」を「習慣」に変えることです。

本書の冒頭でもご紹介したアリストテレスの言葉からも、それがわかります。

人は繰り返し行うことの集大成である。
だから優秀さとは、行為でなく、習慣なのだ。
——古代ギリシアの哲学者・アリストテレス

習慣化ができれば、夢や目標を実現する速度が加速していきます。
ここで大事なポイントは、**「習慣を味方にする」**ということです。
習慣を敵にしている人は、うまくいきません。
習慣を敵にしている人とは、悪い習慣に囲まれた人です。たとえば、

- イライラしたら、人を怒鳴らないと気がすまない
- テレビを見ながらソファーで体を丸めないと眠れない
- 常にメールやSNSをチェックしていないと落ち着かない

などです。

一方で、よい習慣を味方にしている人もいます。

たとえば、

・朝のウォーキングを日課にしている
・収入の10％を自己投資にあてている
・毎日30分勉強をしている
・人に何かしてもらったら「ありがとう」と言う

このような、よい習慣にいつも囲まれています。

多少うまくいかないことがあっても、よい習慣に囲まれていれば、習慣があなたを助け、守ってくれます。そして、うまくいく追い風にもなってくれるでしょう。

よい習慣を持っている人は、上りのエスカレーターに乗っているようなものです。

それほど努力しなくても、エスカレーターに乗っているだけで、自動的に上の階まで運んでもらえます。

逆に、悪い習慣を持っている人は、下りのエスカレーターに乗っているようなもの。

ただ乗っているだけでも、悪いほう悪いほうへと下がっていってしまうのです。


ポイントは、自分にとってよい習慣を味方にすることです。

あなた自身がよい習慣だなと思うものを、味方にして、一緒に歩んでいきましょう。

習慣はあなたの夢や目標を加速実現してくれる、心強い味方なのです。

「行動」を「習慣」に変えるキーワード、それは……

行動イノベーションの専門家として活動する前の私がそうだったように、これまでのやり方では残念ながら同じ失敗を繰り返すことになります。

では、いったい何が成功のカギを握っているのでしょうか？

どこからどう変えていけば、自分の定着させたい行動が実際に定着するのでしょうか？

そのカギをひと言で表せば、

「味わいたい!」

です。

「行動習慣化についての本なのに、キーワードが『味わいたい!』っていう、ざっくりした意味の言葉が出てくるの? 何?? どういうこと???」と思った方もいるかもしれません。

でも、本当です。「味わいたい!」こそが、続けるためのキーワードなのです。

この「味わいたい!」がなければ、続けることはできません。ダイエットであろうが、毎日の読書であろうが、味わいたくないものは、無意識が何か原因をつくって回避しようとするからです。

「味わいたい!」さえ大事にすれば、

「とにかく続けたくなる」からです。

「行動する目的を見失わなくなる」からです。

「続けられているかどうかにあまり重要性を感じなくなる」からです。

「最適な目標が常に立てられる」からです。

「減点方式ではなく加点方式の考え方になれる」からです。

そして、気がつけば、続けたかった「行動」が、いつの間にか自然と「続いてしまっている」のです。


では、「味わいたい！」とは、いったい何なのでしょうか？

「味わいたい！」を大事にすると、なぜ「行動」を「習慣化」できるのでしょうか？

未来の自分を「味わう」と人生が変わる

本書でお伝えしたいのは、「習慣化した未来の自分」を先取りして、実感していく＝味わうことです。


続けられる人は、習慣化した未来の自分から「逆算」しています。

「今日から頑張って努力して続けよう」とは考えません。

すでに続けられている未来から逆算して、
「自分が続けているということは、こうしたんだろうな」
と考えます。ですから、続けられない今の延長線上に、何か新しく続けたいことを
つけ足すのではないのです。

もうすでに続けられている未来のあなたを先取りして味わっていく。
未来を味わうことを習慣化することを、**「エモーショナルハビット」**と命名しました。
そうすると人生が変わります。

「未来の自分なんて、どう先取りするの？」
「実感？　味わうってどういうこと？」
という疑問がわくかもしれませんが、それらは次章以降で、順を追って詳しく解説
していきます。

人生の主人公は、あなたです。

あなたは、主人公として自由に未来を描いてもよいのです。
その際に、次章から紹介するエモーショナルハビットをフル活用してみてください。
感情に振り回されるのではなく、感情を活用する。
それがあなたの行動を変え、人生を変える力になるのです。

第2章

続けられる自分になる「エモーショナルハビット」

あなたが続けられない3つの原因

そもそも、私たちが、何かを続けようとしたのに、続かない・習慣化できない原因は3つしかありません。

①本当は続けたいと思っていない

ひとつ目は、そもそも自分にとっては重要ではなかった、自分には必要のない習慣だった場合です。

それを続けなくても普通に生活できるし、仕事でも困らない。自分にとって重要なことでないと、モチベーションが下がって、面倒くさくなり、挫折してしまいます。

たとえば、普段英語をまったく使わないのに、TOEIC900点をとるために英語の勉強を始めた。

別に痩せたいわけじゃないけれど、ダイエットに成功してイキイキしている友人と再会して、なんとなくダイエットしたくなった。

日記を書くと気持ちの整理ができると本で読んだから日記を毎日書きたくなった。など、手当たりしだいに「続けよう」と思うと、本当に続けたい習慣を選べず、本当は続けたくないもの、続ける必要がないものに、時間と労力を奪われてしまいます。

本当にやりたいものではないから、当然挫折する可能性が高いのです。

これで自己評価まで下げてしまうのは、本当にもったいないことなのです。

あなたが、「続けられる自分」になるためには、本当にやりたいこと・続けたいことだけを選ぶことが大切です。

もしも、これまでに続けられずに失敗したことがあるのなら、次のように考えてみてください。

「続けられなくてよかった。時間や労力の無駄遣いをせずにすんだのだから」

それでいいのです。

② 自分には続けられないと思い込んでいる

2つ目は「自分にはできない・続けられない」という「思い込み」がある場合です。

口では「よし、英語をコツコツ勉強してTOEICで900点とるぞ！」と言っていても、過去の失敗経験から諦めている。

今までいろんなダイエットを試したけれど、全部途中で挫折している。今回も自分には無理。どうせ頑張っても1週間が限度と思っている。

本当は朝5時起きを習慣化したいけれど、残業が多くて家に帰るのは終電で就寝は2時過ぎだから難しいと思っている。

このように「どうせ自分は続けられない」「自分には無理」と思っていると、なかなか続けられません。

たとえば、次のような方がいました。

「毎朝、近所の公園を15分散歩するぞ」と決意したRさん。

でも同時に「自分は飽きっぽいから、どうせ続かないだろうな」と思っていました。

始めて6日目、朝寝坊してしまい朝の散歩ができなかった。

「やっぱり自分には無理だったんだ」

「どうして、いつも続けられないんだろう……」

そう自分を責めて、本当にRさんは「続けられない自分」をつくってしまったのです。

確かに、「結果や実績がないと自信が持てない」という人もいます。「どうせ私にはできない」という状態で行動すると、「できない」という結果を引き寄せてしまいます。

重要なのは、先に自信をつけること。

ですから、本書では「できた自分」を先に味わいます。さらに、10秒アクションで自信をつけていきます。たった10秒でも「自分で決めて、行動する」ことで自信は育つのです。

やると決めたのに、できないと考えるのは、行きたい方向とハンドルの向きが一致していないようなものです。

行きたくない方向ではなく、行きたい方向に意識を向けると、結果は必ずついてきます。あなたが続けられなかったのは、続けられない方向にハンドルを切ってしまったからかもしれません。

③ 行動するときに「面倒くさい」「続けるのが難しい」と感じている

3つ目は、行動するときに「面倒くさい」と感じたり、実際に続けることが難しくて続かない場合です。

たとえば、「毎日30分ジョギングするぞ」と決めて朝起きたけれど、ジョギングスーツに着替えるのが面倒くさいと感じている。

昨日飲みすぎてしまって、疲れているのに走るなんてイヤだと感じている。

お腹がすいている状態で、走るのはしんどいと思っている。

こういう状態では、行動するのはもちろん、続けることも難しくなります。

つまりは、行動するためのハードルが高い状態です。

行動したり、行動を続けたりするハードルが高く、実行が億劫《おっくう》になってしまっているパターンだといえます。

何をやっても続けられない人は、必ずこの3つの原因のどれかが思い当たるはずです。この3つの原因を乗り越え、続けられる自分になるにはどうすればいいでしょうか?

3つの原因を乗り越える方法

まず「①本当は続けたいと思っていないから続けられない」を乗り越えるには、「続けたいことを見極める」ことです。

「心底やりたい！」と思ったこと、自分の人生にとって重要で大切なことだけを選んで、習慣化に取り組めばいいのです。あらかじめシミュレーションすることで、あなたが「本当に続けたいこと」に取り組めるようになります。

これが第1章でお伝えした「キーハビット」です。

キーハビットとは、人生で本当に成し遂げたいことのための習慣です。

本当に続けたいこと、続ける必要があるかを見極めてから、習慣化しましょう。

必要な習慣は、人それぞれ違います。

たとえば、AさんとBさんがいる場合、2人のキーハビットは異なるでしょう。

「いずれ自分の名前で本を出したい」という夢を持つAさんにとって、「毎日ブログを書く」ことは、キーハビットのひとつになるでしょう。

「トライアスロンを完走したい」という目標を持つBさんにとっては、毎日ブログを書くことは、キーハビットには当てはまらないことが多いでしょう。

自分の人生にプラスになりそうなこと、健康にいいこと、収入が増えそうなことだったら、何でもいいから続けたいと思う人もいるかもしれません。

しかし、手当たりしだいに習慣化しようとしても、うまくいかないのです。

人生の時間は限られています。私たちに残された時間は思いのほか短いのです。あなたが本当にやりたいこと、実現したいことに近づく習慣が、あなたにとってのキーハビットになります。

「自分が本当にやりたいこと」に近づくことを習慣化するようにしてください。

次に「②自分には続けられないと思い込んでいるから続けられない」を乗り越えるには、「前提を変える・ゴールから逆算する」ことです。

「もし習慣化が簡単だとしたら？」

「もし○○を当たり前のようにできるとしたら？」

と考えます。

できた未来を先に味わうことで、無力感をなくすことができます。

自分にとって特別なチャレンジで、大変なことだと思い込んでいると、動けなくなってしまいます。

一方、「当然できる！　当たり前のルーチンだ」と思っていれば、続けることが「苦しい、難しい、できない」という概念は生まれません。

たとえば、ダイエットに成功した人、自分の理想の体型をキープしている人はエクササイズをさぼったり、ドカ食いしたり、深酒したりしてもショックを受けることはありません。当然、自分を責めることもしないでしょう。


あなたが「続けられる人」になるためには、うまくいってもいかなくても、感情を消耗させない、無駄遣いしないことが大切なのです。


あなたが続けたいことを、いい意味で「こんなものか」と俯瞰《ふかん》できたら続けられます。

次の日から淡々と、ルーチンをこなすだけでいいのです。

たとえば、部屋を片づけられる人は、部屋が散らかっているからといって、絶望もしないし、自分を責めません。淡々と片づけるだけです。

いい意味で感情を使わず、部屋の状態に一喜一憂しません。

「できる・できない」で捉えている人は、一喜一憂します。

「やる・やらない」で捉えている人は、一喜一憂しないのです。

あなたも、「できる・できない」ではなく「やる・やらない」でものごとを捉えるようにしてみてください。

今日やらなかったら、明日取り戻せばいいだけなのです。


最後に「③行動するときに、『面倒くさい』『続けるのが難しい』と感じている」を乗り越えるには、面倒くさい、難しいと思えないくらい、簡単なことから始めることが大切です。

このパターンで続けられないとき、効果を発揮するのが10秒アクションです。これは拙著『本気で変わりたい人の行動イノベーション』でもご紹介した方法です。詳しくは、このあとご紹介していきます。

「続けられる自分」になる3つのステップ

ここまで、「続けられない3つの原因」と、それを乗り越える方法を書いてきましたが、さらに簡単な方法で「続けられない」を「続けられる」に変えることができます。

それが本書のテーマでもある「エモーショナルハビット」です。

エモーショナルハビットは、「最初の一歩の行動」を「習慣」に変えるための方法を体系化したものです。簡単にいえば、次の3ステップで行います。

【ステップ1】習慣化シートを作成する

↓

【ステップ2】朝50秒、習慣化シートを見て、「味わいたい！」と思う場面での、頭の声、体の声、心の声を聞き、その状況を味わう

↓

【ステップ3】朝、10秒アクションをする

このステップを実行するだけで、これまで何度トライしても続けられなかったことが、飽きることも、つらいと感じることもなく、続けられるようになります。

このステップを踏むことで、先に挙げた「続けられない3つの原因」を乗り越え、続けられるようになります。


50秒「味わう」ことで、本当に続けたいことなのかを確認できるので、原因①への対策になります。

また、続けられた未来の自分から逆算することができるので、原因②への対策にもなります。

そして、10秒アクションから始めることで、「面倒くさい」「難しくて続かない」ということがなくなります。これが原因③への対策にもなっているのです。

感情のゴールを設定する「習慣化シート」とは？

習慣化シートは感情のゴールを設定するために、私がつくった特別なシートのことです。

私たちは何かを始めたい、続けたいと思ったときに、「5キロ減量」「TOEIC600点」といった数値目標だけを立ててしまいがちです。

もちろん、数値目標は大切です。

けれども、これらはゴールテープにすぎません。

あなたが「行動」を続けてたどり着きたいのは、ゴールテープの先にある「状況」と「得られる感情」のはずです。

私は、達成している「状況」と「感情」を合わせて「感情のゴール」と呼んでいます。

数値目標を設定するのではなく、感情のゴールを設定しましょう。

「感情のゴール」が具体的になればなるほど、あなたを強烈にリードし、自然と「行動」が続いてしまうのです。

「味わいたい！」と願う「感情」がある一方で、「味わいたくない！」と願う「感情」も存在します。

ダイエットの場合で考えるとわかりやすいでしょう。

「今のままの生活を続けたら、3カ月後には体重が5キロも増えてしまう。こんなはずじゃなかった。人に会いたくない。着る服がなくてつらい。健康診断にひっかかってショック」

などといった「感情」です。

この「味わいたくない！」という「感情」も、あなたにとっては心強い味方です。

なぜなら、あなたが誘惑に負けそうになっても、強烈なブレーキ役となってくれるからです。

あなたが「味わいたい！」と願う「感情のゴール」。

逆に、あなたが「味わいたくない！」と願う「感情」。

これらをたった1枚の紙で整理することはできないだろうか？

そう考えて開発したのが、次のページにある「習慣化シート」です。

この習慣化シートは、巻末特典からダウンロードしてご使用いただけます。もちろん、次のページに直接書き込んでいただくのでも、Ａ４用紙やノートに線を書いて、自作してもらってかまいません。

このシートの作成方法は次章で詳しく紹介していきます。

ここでは軽く見てもらえれば、大丈夫です。

20XX年○月△日

感情のゴールのビジュアル化

習慣化シート

10秒アクションリスト

-
-
-

【味わいたくない】

もし習慣化できなかったら、
どんなことになる？

-
-
-
-
-

【味わいたい】

もし習慣化できたら、
どんないいことがある？

-
-
-
-
-

100%行動できる10秒アクション

10秒アクションは、拙著『本気で変わりたい人の行動イノベーション』でもお伝えしましたが、文字通り、まず10秒でできる行動をすることです。

本書では、習慣化シートを使って、50秒間味わった感情や場面につながる、すぐにできる1アクションを10秒間で行っていただきます。

なぜ、「10秒アクション」なのかというと、行動しない理由や言い訳をつぶせるからです。

面倒くさい
しんどい
難しくてできない
時間がないからできない
自信がないからできない

お金がないからできない
ちゃんとできそうにないからやらない
続けられそうにないからやらない
ちゃんと準備できてないからやらない
失敗したらどうしようと思うと不安でできない

などと感じる場合でも、人は10秒なら行動できるのです。

前提を変えれば、思い込みをはずせる

これからご紹介していく、エモーショナルハビットを実践する前に、ひとつだけ大事な注意点があります。

それは、**「続けられるという前提（マインドセット）で、行動を始める」**ことです。

「どうせまた、自分には続けられない」

そう思っていると、結局続けられなくなることが多いのです。

続けた先にある夢や思いを「実現した！」というところから遡《さかのぼ》って、そんな自分が続けてきたことは……と、逆算で妄想しましょう。

夢や目標を実現した未来の自分になりきって、そんな未来の自分が習慣化していることを当たり前の前提にするのです。

本章の冒頭でお伝えしたように続かない理由は3つだけ。

①本当は続けたいと思っていない
②自分には続けられないと思い込んでいる
③行動するときに、「面倒くさい」「続けるのが難しい」と感じている

結局、「続かない自分」というのは、

前提のマインド設定が違っていただけなのです。

「続けられる」「続けて実現できた！」という前提から入りましょう。

偉大な芸術家であるパブロ・ピカソも

「できると思えばでき、できないと思えばできない。これは、ゆるぎない絶対的な法則である」

と言っています。

前提とは、そもそも「思い込み」にすぎません。どうせ思い込むなら「できない」という思い込みではなく、「できる」という思い込みを持ちましょう。

本気で実現できた前提でイメージするのです。実現できたときの感情やシチュエーションをリアルに思い描き、味わってみてください。

それが達成できている自分なら、どんなことでも当たり前にできるのです。前提が変われば、あとは当たり前にただルーチンにするだけです。

だから「続けられている」「達成できた」という前提で、エモーショナルハビットを実践していきましょう。

続けられる前提に変わる！　マインドセットのつくり方

では、具体的に「前提を変える」というのは、どういうことなのでしょうか？
それは「自分に問いかける言葉と順番を変える」という方法です。
続けられないと思っている人のパターンは、次の場合がほとんどです。

現実（現状）　↓　どんな制約がある？　↓　制約のなかで何をやる？

今の現実（現状）を見て、どのような制約があるだろうか？　その上で、何ができるだろうか？　と考えます。具体的には次のようなものです。

現実（現状）　↓　3カ月以内にTOEICで730点とらないと昇進できない
どんな制約がある？　↓　時間がない、気持ちに余裕もない、お金もない
制約のなかで何をやる？　↓　睡眠時間をけずって勉強するしかない

この前提を変えるには、問いかける言葉と順番を変えればいいのです。

本当はどうしたい？ → 現実（現状） → ゴールに近づくために何ができる？

まず現実を見るのではなく、最初に「本当はどうしたい？」と問いかけます。その上で現実（現状）を見て、「ゴールに近づくために何ができる？」と問いかけるのです。

この思考パターンに変えることで、続けられる前提のマインドセットになります。

先の例で言えば、次のようになるはずです。

本当はどうしたい？ → 英語の本をスムーズに読みたい。英語の原書が読めたら、よりよい提案ができるなぁ。楽しく勉強できたらいいなぁ

現実はどうだろう？ → 時間がない、気持ちに余裕もない、お金もない

ゴールに近づくために何ができる？ → 通勤時間がある。まずは、電車に乗っている往復90分の間に、スマホアプリで英語を勉強してみよう

いかがでしょうか。

仕事上、どうしてもやらなければいけない英語の勉強を例にしましたが、例は違っても、あなたもこれと同じようなことをやっていませんか？

今まで、続けたいのに続かなかった理由は、

「どうせ自分には続かない・できない」という前提があったから

かもしれません。

自分に問いかける順番を変えるだけで、「前提＝思い込み」が外れ、「できる・続けられる」ようになります。

それを、簡単にできるのが、エモーショナルハビットであり、次章で紹介する習慣化シートなのです。

まずは、次章で習慣化シートの作成に入っていきましょう。

第3章

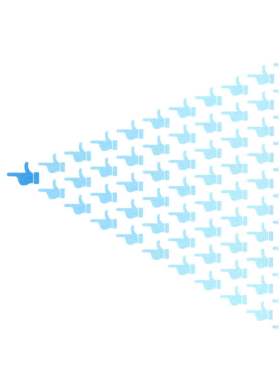

習慣化シートのつくり方

感情のゴールを達成する日付を記入しよう

20XX年○月△日

感情のゴールのビジュアル化

本気でやりたいこと、達成したいことを成し遂げたときの状況、得ているモノ、感情を絵にしたり、写真を貼ったりしよう

習慣化シート

10秒アクションリスト

-
-
-

味わいたい感情と状況を達成するための 10 秒アクション（10 秒でできる行動プラン）を 3 つ書き込もう

【味わいたくない】

もし習慣化できなかったら、
どんなことになる？

-
-
-
-

習慣化がうまくいかなかった場合、どんな状況におちいり、どんな感情を味わうかを書き出そう

【味わいたい】

もし習慣化できたら、
どんないいことがある？

-
-
-
-

習慣化がうまくいった場合、どんな状況になっているか、どんな感情を味わえるかを書き出そう

たった1枚の紙で、なぜ続けられるようになるのか？

「習慣化シート」を見て、「えっ、こんなもので本当に『習慣化』に成功するものなの？」と感じた人もいるかもしれません。

断言します。

絶対にできます。

なぜなら「あのゴールに行きたい！」「あの感動を絶対に味わいたい！」という「感情」は、それほど強力だからです。

と同時に、ほとんどの人は、「味わいたい！」の持つ力をフルに使い切れていないからです。

「習慣化シート」は私が今までに学び習得してきた、最新の脳科学の知識、コーチングの技術などから導き出して開発したフォーマットです。そして、行動の専門家として、実際に成果を上げてきたシートでもあります。

私の主催するセミナーや研修でも、実際にこのメソッドを使って習慣化に成功している人がたくさんいるのです。

私の敬愛する先人たちも、未来のイメージを描くことの重要性を説いています。
スティーブン・R・コヴィー博士の世界的名著『7つの習慣』（キングベアー出版）は私の愛読書のひとつですが、コヴィー博士は「第2の習慣～終わりを思い描くことから始める～」の章で「すべてのものは2度つくられる」という言葉を使っています。

コヴィー博士によれば、私たちは家を建てるとき、
①まず、完成形をイメージして設計図をつくる（知的創造）
②その後、実際に工事を行う（物的創造）
というプロセスを踏むそうです。これが「すべてのものは2度つくられる」という意味なのだそうです。

「すべてのものは2度つくられる」――コヴィー博士のこの言葉に私はとても感動し、日々の生活で実践してきました。そして、今日の私がいます。

大事なのは、まず完成形をイメージして設計図をつくることです。

楽しく妄想し、どんな「場面」でどんな「感情」を味わいたいかを、しっかり確認することなのです。

その「場面」と「感情」こそが、あなたにとっての完成形（感情のゴール）です。

その完成図がしっかりしていればいるほど、実際の工事（行動）がはかどります。

たった1枚のシンプルな「習慣化シート」ですが、これこそがあなたにとっての完成図です。あなたの足は、完成に向けて自然と進みます。そして、歩みのスピードは日を追うにつれて速まっていくことでしょう。

「習慣化」自体はあなたの目的ではなく、あくまでも目的達成の際の副産物です。

つまり、「習慣化シート」とは、

「気がつけばいつの間にか続いてしまっていた」

という感覚で「習慣化」に成功するシートなのです。

習慣化シートの作成順序

それでは、習慣化シートの作成に入っていきましょう。
習慣化シートの作成にあたっては、次のステップで行います。

①続けたいことをリストアップする
②続けたいことに優先順位をつける
③最優先事項で習慣化シートを作成する

習慣化シートを作成したら、毎朝1分の時間を確保するだけ。50秒で習慣化シートを眺めて、味わいたい未来の場面の頭の声、体の声、心の声を味わう（リアルにイメージする）のです。

そして、10秒でアクションを起こせば、簡単に行動でき、それを日々続けるだけです。

習慣化シートのつくり方 ① 続けたいことをリストアップする

あなたが「これ続けられたらいいな」「習慣化したいな」「今までできなかったけど、今度こそ続けたいな」ということを、まずは左ページの空欄にリストアップしてみましょう。

そして、1項目ごとにひとつのフセンに書き出してみてください。

ここでは、アイデア出しが目的です。

ポイントは「これは難しいから続けられないだろうな」「続けるとしたら、しんどいだろうな」「本当に続けたいことじゃないかもしれない」などと考えないことです。「○○をやらなければ」というものでもかまいません。少しでも思い浮かんだら、どんどん書き出しましょう。

見極めるのは次のステップで考えます。

アイデアを出す時間とアイデアを精査する時間はしっかり区別します。

さあ、あなたが続けられたらいいなと思うことを思いつく限り、挙げてみましょう。

仕事、プライベート、家族、趣味など、いくつかのカテゴリーに分けて考えると思いつきやすくなります。

例：散歩、ランニング、ストレッチ、部屋の片づけ、読書、英語の勉強、スキルアップ、仕事の研究、日誌、日記、家計簿、ブログ、メルマガ、ダイエット、禁煙、早起き、靴磨き、手紙やメールの返信

習慣化シートのつくり方 ② 続けたいことに優先順位をつける

続けたいことをたくさん書き出せましたか？

それでは、そのフセンを並べ替えていきましょう。あなたが今、もっとも習慣化したいことを一番上、あなたが今それほど習慣化しなくてもいいなということは下にくるように並べ替えてみてください。

「これを習慣化したら、自分の人生に一番インパクトがある」という習慣は上にしましょう。上から1~3項目までを、左のスペースに書いてみてください。

1：
2：
3：

習慣化シートのつくり方③ 最優先事項で習慣化シートを作成する

習慣化シートの作成時間は、目安として15分。最長でも30分以内に完成させましょう。

素早くつくる理由は、素晴らしいシートを完成させることが目的ではないからです。

時間をかけすぎると、シートをつくっただけで満足して、行動しない人が多いのです。
あなたにとって大切なことを続けられるようになるのがゴールです。
時間がかかるようでしたら、まずは仮完成でOKとしてください。
記入は、次の順番で行います。

ステップ①
続けられたら、「味わいたい！」と思う場面をいくつか妄想してみましょう。

ステップ②
「味わいたい！」という場面で、味わいたい感情（感情のゴール）を書き出しましょう。

ステップ③
感情のゴールをビジュアル化してみましょう。絵を描いても、写真や雑誌の切り抜きを貼るのでもかまいません。

ステップ④
感情のゴールを味わう日付を記入しましょう。

ステップ⑤
もし、習慣化しなかったらおちいる最悪の状況と感情を想像してシートに書き出しましょう。

ステップ⑥
「感情のゴール」に近づくために、10秒でできるアクションを5つリストアップしましょう。

ステップ⑦
10秒でできるアクションを3つに絞って習慣化シートに書きましょう。

習慣化シート作成の7ステップ

ステップ1	「味わいたい！」と思う場面をいくつか妄想する
ステップ2	味わいたい感情（感情のゴール）を書き出す
ステップ3	感情のゴールを絵や写真でビジュアル化する
ステップ4	感情のゴールを味わう日付を記入する
ステップ5	もし習慣化しなかったら味わう最悪の状況や感情を書き出す
ステップ6	ゴール実現のためにできる10秒アクションを5つ書き出す
ステップ7	書き出した10秒アクションから3つに絞り込む

30分以内につくろう！
仮完成でもOK

習慣化シートはこれで完成！

ステップ①
「続けられたらこうなる」と思う場面を妄想する

まずは、続けられたら「こうなる」というものを、妄想してみましょう。

あなたが習慣化に成功し、あなたの望む結果を手に入れたとき、どんな場面で、どんなことを味わいたいですか？


ダイエットに成功して、すごくステキな服を着て、街を歩くのもいいでしょう。

英語の勉強に成功して、日本と世界を行き来して仕事するような毎日を思い描くのもいいでしょう。

妄想は突飛なものでもかまいません。

「うまくいった未来の場面を想像するのが難しいのですが」

そう言われることがときどき、あります。

そこで、未来を妄想するためのコツについてお伝えしていきます。

まず、最初に頭のなかで場面をイメージします。自分が達成している瞬間、どんな状況で、どんな場所で、周りにはどんなものがあって、どんな人たちに囲まれているかを、頭のなかで映像化してみてください。

そして、その映像を心のなかで言語化するのです。

状況や場所、周りにどんな人やものがあるか、そのときどのような感情を感じているのかを声に出さず、心のなかで読み上げて描写してみてください。

たったこれだけで「続けられたらこうなる」という未来がリアルにイメージできるはずです。

ステップ②
味わいたい感情（感情のゴール）を書き出す

味わいたい場面をひとつ決めて、味わえる感情のゴールを左ページの欄内に書き出してみてください。

まず、味わいたいゴールの場面で、自分が思わず言っていそうなセリフから妄想してみましょう。たとえば、

「やりきった！」

「いえ〜い」

「乾杯！」

「できた！」

「ホッとしたなぁ」

「なんかいい感じ」

「ありがとう！」

など、抽象的なセリフでOKです。

さらにその場面で味わいたい感情を思いつくままに言葉にして書き出してみましょう。

たとえば、ワクワク、スッキリ、ほんわか、といった言葉でも、充実感、達成感、仲間との一体感といった言葉でもかまいません。

最後に、書き出したセリフや感情のなかで、自分でグッとくるもの、気分が上がるものを習慣化シートの左ページの【味わいたい】に記入します。

ステップ③ 感情のゴールをビジュアル化する

習慣化シートの右ページに大きなスペースがありますので、次はここを埋めましょう。

ここに「感情のゴール」（ビジュアル）をつくります。

感情のゴールシーンで、どんなシチュエーションにいるか、何を手に入れているかをビジュアル化します。

手描きで絵を描いても、写真を貼ってコラージュしてもＯＫ。

ここに描かれているものは、あなたにとってワクワクするもののはずです。

一番のおすすめは、手描きの絵です。実際に自分の手を動かして描くことで、楽しさはさらに高まります。

カラフルなペンを使って、「場面」を楽しく描きましょう。どんな場所で、どんな人がいて、どんなセリフが聞こえるかも書き加えるとよいでしょう。

ビジュアル化といわれても、そこまで具体的に描けないよ、と思われる方もいるかもしれません。

手を動かしているうちに、イメージがはっきりしてくることもあるので、まずは手を動かして絵を描いてみましょう。

ステップ④
感情のゴールを味わう日付を記入する

あなたは何カ月後に、「その場面」を「味わえる」と思いますか？

1カ月後？　3カ月後？　6カ月後？　すべてが順調にいった妄想をしてください。

ここでは具体的な手段を考える必要はありません。計算をする必要もありません。

たとえばダイエットの場合、「運動と食事で毎日◯キロカロリーずつ減らしていけば、◯カ月後には◯キロ痩せられる」といった計算はしないようにしてください。

「なんとなく」でいいのです。

いい気分で楽しくダイエットを続けられたら、となんとなく妄想したら「3カ月後にはもしかしたらそうなれちゃうかも」と思えたら、3カ月後の日付を書いてください。

ステップ⑤味わいたくない感情を書いてみる

もし習慣化しなかったら、味わう最悪の状況や感情を妄想して、習慣化シートの左ページの左下にあるスペースに、文字で書いていきましょう。

ここでは感情だけでなく、シチュエーションを書いてみてもかまいません。

・このまま太り続け、異性にも相手にされなくなり、孤独に生きていく
・早起きができずに、会社からダメ社員の烙印を押され、数年後リストラされる

など、少しオーバーに、考えるといいでしょう。実際、やらなければ、どうなるのか、習慣化できない未来に何が待っているかを書き出してください。

ステップ⑥
10秒でできるアクションを5つリストアップする

さらに、習慣化シートの右ページに描いた感情のゴールを実現するための10秒ででできる、具体的な行動をリストアップしましょう。

まずは5つ思いつくものを、左の空欄に書き出してみてください。

仮に5つ以上になったとしてもかまいません。

1：
2：
3：
4：
5：

ステップ⑦ 10秒でできるアクションを3つに絞る

最後に、書き出した10秒アクションから、3つ選びます。リストアップしたものは、順序ややるべきこと、難易度もバラバラのはずです。そこから3つに絞り込むのです。絞り込むポイントは、

① 10秒で完了できること
② どこにいても、どんな状況でもできること
③ 次のアクションのトリガー（引き金）になること

この3つを基準にして、習慣化シートの左ページの10秒アクションリストの欄に書いてみてください。

「習慣化シート」の記入例

「習慣化シート」のつくり方や留意点を読んで、おおよそのポイントはつかんでいただけたと思います。

次に、実際の記入例を3つ紹介します。

3つの記入例を見たあと、いよいよみなさんに「習慣化シート」を作成してもらいますので、「こんな記入の仕方があるんだな」とか「こんなに簡単な絵でいいんだな（笑）」など、参考にできそうなところを意識して見てみてください。

Aさん：「毎日30分のジョギングを続けたい」

味わいたい場面：ホノルルマラソンで完走！　完走後に仲間と乾杯！

感情のゴール：やりきった！　持てる力を出し切ってゴールできた！
やったぁ、自分でもマラソン完走できたー!!

感情のゴールをビジュアル化：ホノルルマラソン完走のゴールテープを切っている

20XX年◯月△日

感情のゴールのビジュアル化

Aさんの記入例
毎日30分のジョギングを続けたい

10秒アクションリスト

- ジョギングシューズをはいて、家の外に出る
- その場でモモあげダッシュ10秒
- 走るときに聴いているテーマソングをかける

【味わいたくない】

もし習慣化できなかったら、
どんなことになる？

- せっかくホノルルまで行ったのに、途中で膝が痛くなって棄権
- 自力で歩けずに、帰国までホテルの部屋で寝て過ごす
- 「あー、どうしてこんなことになっちゃったんだろう。わざわざハワイまで来たのに……。なんでここまで来たのに部屋にこもってなきゃいけないんだろう。観光もしたかったな」

【味わいたい】

もし習慣化できたら、
どんないいことがある？

- ホノルルマラソンで完走！
- 完走後に仲間と乾杯！
- やりきった！ 持てる力を出し切ってゴールできた！ やったぁ、自分でもマラソン完走できたー!!

Bさん：「自分の部屋を片づけたい」

味わいたい場面：仕事から帰ってきたら、ゆったりくつろげる部屋。大好きなドラマシリーズのＤＶＤを見ながら、アロマを炊いて、ゆっくりお酒を楽しむ。

感情のゴール：あー、やっぱり自分の家っていいな、くつろげるな。

感情のゴールをビジュアル化：大好きなアメリカドラマの主人公のキレイな部屋。

Cさん：「英語を勉強する」

味わいたい場面：英語での企業研修の講師として、すらすら話せ、英語での質問にも堂々と答える自分。

感情のゴール：言葉が変わっても伝わるんだ！　今自分が持てるすべてを出し切った！参加者の笑顔が最高!!

感情のゴールをビジュアル化：研修の最後にみんなでハイタッチしているシーン。

20XX年○月△日

感情のゴールのビジュアル化

Bさんの記入例
自分の部屋を片づけたい

10秒アクションリスト

- ダイニングテーブルの上を片づける
- 窓を開けて、空気を入れ替える
- 通勤バッグに入っているいらないものを捨てる

【味わいたくない】

もし習慣化できなかったら、どんなことになる？

- 友人が急に泊まりにきたけれど、あまりに散らかっていて、どん引きされる
- 会社に提出する大事な書類が見つからなくて遅刻。やっと見つかったと思ったらカビが生えてた
- お気に入りの服が行方不明、見つけたと思ったらシワシワで着れない

【味わいたい】

もし習慣化できたら、どんないいことがある？

- あー、やっぱり自分の家っていいな、くつろげるな
- この香り大好き！
- 家に帰ってくつろぐのが楽しみ
- スッキリ片づいていて居心地がいいなあ

20XX年○月△日

感情のゴールのビジュアル化

Cさんの記入例
英語を勉強する

10秒アクションリスト

- 英会話 CD の音声を流す
- 英語で10秒話してみる
- インターネットで英語のニュースを読む

【味わいたくない】
もし習慣化できなかったら、どんなことになる？

- 研修で自分の英語が通じない
- 質問に英語で答えられない
- 背中に冷や汗を書きながら、ホワイトボートに図や絵を書いて、必死に説明している
- あーこんなことならもっと英語を勉強しておけばよかった…

【味わいたい】
もし習慣化できたら、どんないいことがある？

- 英語での企業研修の講師として、すらすら話せ、英語での質問にも堂々と答えられる
- 言葉が変わっても伝わるんだ！
- 今自分が持てる全てを出し切った！
- 参加者の笑顔が最高!!

記入例は、参考になりましたか？
それでは、あなた自身の「習慣化シート」を
実際につくってみましょう！
A4用紙やノートもしくは、
巻末特典からシートをダウンロードして
書き込んでみてください。

第4章

50秒で「感情」を味わい
10秒で「行動」する

毎朝1分間のエモーショナルハビット

習慣化シートが完成したら、それを毎日使って、次の2ステップを行います。

ステップ1：毎朝50秒習慣化シートを見て、味わう
「味わいたい！」と思う場面での、頭の声、体の声、心の声を味わう
ステップ2：10秒アクションをする

たったこれだけです。習慣化シートは、あなたが本当に実現したい感情のゴールに基づいたものであり、10秒間ですぐにできるアクションステップが書かれています。

面倒に感じることでも、難しいと感じることでもないはずです。

あなたの行動を後押しする感情のパワーを使うことができるので、どんどん行動が加速化し、習慣化されていきます。

感情×行動が、「続けられる自分」に変えてくれる

前章で作成していただいた習慣化シートはあくまでも、感情のゴールを設定するものであり、50秒味わうための手段です。

ですから、習慣化シートを作成しただけでは、習慣化はできません。シートを毎日使うことで本当に手に入れたいものにフォーカスし、感情を味わえるのです。しかし、それだけではまだ足りません。

それに加えて行動が必要なのです。

どれだけ習慣化シートをしっかり書き、感情が盛り上がったとしても、最後の「行動」が抜け落ちれば、絵に描いた餅で終わってしまいます。

あなたもこれまで、盛り上がったけど、何もしなかったという経験があるのではないでしょうか。

セミナーに参加して、刺激を受けて、「よし、今日から変わろう」と思ったけれど、結局変われなかった。

成功者の伝記を読んだり、成功者のドキュメンタリーを見たりして、「オレも頑張ろう」と思ったけど、結局その気持ちが消えてしまって、何も変わらなかった。

その原因は、「熱が冷めたから」「日常に戻ったから」ではありません。

すぐに行動に移さなかったからです。

感情を味わいつくしたら、すぐに何かしらの「行動」に移すことがとても重要なのです。

「鉄は熱いうちに打て」ということわざにもあるとおり、感情を味わいつくして、本当にやりたいと思ったときにこそ、すぐに「行動」することで、現実が少しずつ動いていくのです。

エモーショナルハビットは、この行動のサイクルを生み出すものなのです。

「毎朝50秒習慣化シートを見て、味わう」とは？

それでは、あなたが前章で作成した習慣化シートを使って、感情を味わっていきましょう。

「でも味わうって具体的にどうすればいいの？」

と思われたかもしれません。

やり方は簡単。「味わいたい！」という場面の頭・体・心の声を味わうのです。

これは私がセミナーなどでいつもお伝えしていることで、この3つの声に耳を傾けると、自分自身がどう思っているかが、整理できます。

「頭の声」とは、普段考えていることです。

思考のことであり、理屈ともいいます。

「〜しなければならない」という声、義務感、責任感ともいいます。

「体の声」とは、暑い、寒い、眠い、お腹がすいた、喉《のど》が乾いた、腰が痛いなどの体の状態・コンディション、と捉えてみてください。

そして「心の声」とは、気持ち・感情であり、欲求（〜したい）という気持ちです。

特に、心の声を味わうと、行動しやすくなります。

その理由は、人は考えるよりも、感じたことのほうが行動できるからです。

この3つの声をまずは受け取りましょう。

習慣化シートを眺めてみてください。そして、ゴールを達成したときの感情を味わいましょう。そして次のように問いかけてください。


ゴールを達成したとき「頭の声」はなんと言っている？

「体の声」は何を感じている？

「心の声」は何を味わっている？


一つひとつ、聞いてみてください。難しければ、次の3つの質問を使って、声を具体化させてみてください。

「頭の声」を具体化する質問

ゴールを達成したときどんなことを考えている？

「体の声」を具体化する質問

ゴールを達成したときの姿勢、声の大きさ、ポーズ、呼吸の深さ、体の感覚は？

「心の声」を具体化する質問

ゴールを達成したときどんな表情？　どんな気持ち？　ひと言で表現すると？

10秒から始まる習慣化

毎朝50秒、味わったあとに、10秒アクションを実行します。この「50秒味わう」と「10秒アクション」は、2つで1セットです。

習慣化シートは効果的ですが、眺めて味わっているだけでは、習慣化できません。しっかり味わったら、必ず10秒アクションを行いましょう。

10秒アクションは、習慣化シートに書いた3つのうちからひとつ選び、実行するだけです。

毎朝行うことを推奨していますが、もしも、やり忘れたら、夜に10秒アクションを行ってください。

3つあるうち、どうやって10秒アクションを選ぶかですが、その日のコンディション(体調・気分)、状況に応じて、「できそうなもの」「やりたいもの」をひとつ選ぶようにしましょう。

そのとき「まずは10秒やってみる。10秒でやめてもいいし、10秒以上続けてもいい」

と考えてみてください。

10秒アクションのいいところは、

「すぐに、簡単にできる」


ことです。

これまで何をやっても続かなかった人が、いきなり大変なこと、少し難易度が高いものを行うと、うまくいかないことが多いです。

ダイエットのためにランニングしようとして、つらいのにバテバテになるまで走ると、続けようとは思えないはずです。

なぜ、「10秒」アクションなのか？

①やらない理由・続かない言い訳をつぶせる

面倒くさい、しんどい、難しくてできない……。

時間がないからできない、自信がないからできない、お金がないからできない、ちゃんとできそうにないからやらない、続けられそうにないからやらない、ちゃんと準備できてないからやらない、失敗したらどうしようと思うと不安でできない……。

人はやらない理由を考える天才です。

しかし、本当の理由は、「行動のハードルが高く、面倒くさいから」です。

「行動のハードル」が高いと、どんな方法を使おうとも、必ず面倒くさいと感じ、挫折してしまうのです。

だから、10秒アクションです。

10秒なら誰でもできるし、続けられます。行動のハードルが低ければ、面倒くさいと思う可能性がなくなります。

② 必ず成功する

私のおすすめする10秒アクションは、壮大なことでなくても、自分で決めたことをやれたら「成功」としています。絶対に成功することは、実は行動を習慣化する上でとても大切なポイントになります。なぜなら、小さな失敗は、次の挫折を生みますが、小さな成功体験を積み重ねていくことは、行動と習慣化に必要な自信をつけることにつながるからです。

「たった10秒だけどできた!」

「10秒だけど続けられている!」

という体験が着実に自信に変わり、ワクワクしながら自然と続けられるようになるのです。

③ 簡単にやり直しがきく

お伝えしたとおり、行動や習慣化において、小さな失敗(と思い込むこと)は、案外ダメージを受けます。これが積み重なると、「自分はダメな人だ」「意志の弱い人間だ」と自分を責め始めるのです。

10秒アクションがいいのは、「ちょっと違うな」と思ったら、気軽に軌道修正できるところ。

これが10分や30分だと、なかなかやり直しがきかないので、やる前に「本当にそのアクションでいいのか」「ちゃんと成果が出るのか」などと慎重に考えざるを得ないのです。

④ 自信がつく

人は大きなこと・すごいことを達成したとき、あるいはものすごく我慢して何かをやりきったときだけに自信がつくのではありません。

自信がつく・つかないは、実は結果や行動の大きさとは関係がありません。

どんなに小さいことでもいいから、「自分で決めて」「行動して」「できた」という経験・実感の回数が自信をつくるのです。

10秒アクションでの成功を繰り返すと、確固たる自信がついてきます。自分でやると決めたことを、小さなことでも実行し、成功体験を味わうことを繰り返すことで自信は育つのです。

そうすることで、「できない」「無理」と思っている自分から、「できた」「なんとかなる」という自分になります。

⑤ 次のアクションのトリガーにもなる

10秒やってみると、さらにやりたくなります。

もちろん、10秒アクションですから、10秒で終わってもいいのですが、ほとんどの人が10秒行動をしたら、それだけでは終わらずに、さらにやってしまうということが起こるのです。

人は動き出したら、なかなか止まれないものです。

自転車を例にするとわかりやすいでしょう。ペダルをこぎ始めるときこそ力がいりますが、いったん動き出してしまうと、今度は止まることが困難になります。

これは「行動の慣性の法則」と言ってもいいでしょう。

たかが10秒、されど10秒なのです。

第5章

「習慣化」を加速させる方法

「エモーショナルハビット」を加速化する方法①
10秒アクションのバージョンアップ

いかがでしたでしょうか。

ここまでで、「続けられない自分」を変えるエモーショナルハビットは完成です。これを1日1分だけ実践すればいいのです。

さて、ここからはこの習慣を加速させていく方法についてお話ししていきます。

「習慣の加速化」とは、ある意味でレバレッジをかけるものです。

「エモーショナルハビットを使って続けられるようになったけれど、さらに次のステップに行きたい」

と思われた方は、本章で紹介する習慣を加速化する方法を実践してみてください。

まずは、「10秒アクションのカスタマイズ」です。

エモーショナルハビットの10秒アクションは、前述のとおりさまざまなメリットがあります。

①やらない理由・続かない言い訳をつぶせる
②必ず成功する
③簡単にやり直しがきく
④自信がつく
⑤次のアクションのトリガーにもなる

ただし、習慣化がうまくいき始めると、最初に決めた3つの10秒アクションでは物足りなくなることがあります。

行動というのは面白いもので、簡単すぎても、難しすぎても人はやらなくなります。

なぜなら、簡単すぎると退屈、面白くない、達成感がないと感じます。

難しすぎると無力感や不安、苦痛を感じます。

どちらであっても続かないのです。

あなたが自分で決めた10秒アクションが思うように実行できないときは、さらに簡単にできる10秒アクションを考えてみましょう。

逆に、自分で決めた10秒アクションが簡単すぎたり、毎回同じで飽きてしまったりしたときは、自分にとってチャレンジングな10秒アクションを考えてみましょう。

具体的には、ちょっと頑張らないとできないレベルにするのです。

「エモーショナルハビット」を加速化する方法②
10秒アクションを5分アクションにする

次におすすめするエモーショナルハビットを加速化する方法は、「10秒アクションを5分アクションにする」です。

今行っている10秒アクションをそのまま5分に延長するのでもいいですし、5分のアクションを新たに設定するのもいいでしょう。

どちらでもかまいませんが、10秒アクションが簡単にできるようになったら、続けたいことを5分一区切りで伸ばしていきましょう。

たとえば、10秒アクションで、ランニングを始めていた人は、本来10秒が過ぎたらいつやめてもいいわけです。

しかし、それを「10秒で始めて、5分走る」に変えるのです。

英語の勉強だとしても同じです。

毎回10秒アクションだけだったものを、「5分集中して勉強する」に変えましょう。

ただし、注意が必要です。

この5分にするのは、10秒アクションを続けられたあとです。たとえば、習慣化シートの作成や50秒味わうことや、10秒アクションをやっていないのに、いきなり5分アクションを始めてしまうと、多くの場合、続かなくなってしまいます。

必ずエモーショナルハビットを実行し、それが続けられたら行ってください。

目安は1週間。

「習慣化シートを毎朝50秒味わって、10秒アクションをする」を1週間続けてみてください。

1週間うまくできたら、今度は行動を5分アクションに変えてみましょう。

「エモーショナルハビット」を加速化する方法③
アクションを5つのレベルに分ける

次の習慣を加速化する方法は、アクションプランに「5つのレベル（難易度）を設定する」ことです。

先ほど、「10秒アクションを5分に変える」と言いました。

しかし仮に、あなたが続けようとしている習慣が、時間に左右されないものだったらどうでしょう。

たとえば、「毎朝○時に起きる」「月に1冊本を読む」といった場合、5分という基準は、当てはまらないと思ったはずです。

そこでこの加速法が効果を発揮します。

アクションプランを難易度別に5つに分けてみてください。

たとえば、英語の勉強なら、

レベル1：英単語を3個覚える
レベル2：構文を3個覚える
レベル3：リスニングCDを流して、5分聴く
レベル4：TOEIC600点向けの参考書を1ページ分解く
レベル5：TOEIC600点向けの参考書を2ページ分解く

というように設定するのです。

すると、10秒アクションの選択肢が増えます。目標実現を加速化するための選択肢が少なすぎると、「これができないなら、自分はもうダメだ」となってしまうことがあります。

習慣を加速化する上でも、挫折しないためにも、アクションプランは難易度別に5つに分けて、その日の気分や体調で、選んで行えばいいのです。

5つの問題を解決する習慣のコツ

「習慣化シート」を描き上げ、いざ「行動」を「習慣化」しようと思ってもなんだかスムーズにいかない——これはよくあることです。

なぜなら、「行動」を「習慣化」するまでには、いくつかの段階を乗り越える必要があるからです。その段階は、大きく分けて次のとおりです。

①やっていてもワクワクできない
②ワクワクはしているのに「行動」できない
③忙しくなると、つい「行動」を中断してしまう
④ゴールまでたどり着けない気がして「行動」を止めてしまう
⑤途中で飽きたり、なかだるみして、「行動」をサボる

そこで、「習慣化」を加速させる方法を、これらの問題に合わせてお伝えしていきます。

私のセミナーで実際に取り入れ、特に効果の高かった方法を厳選しています。

ただし、これらのなかには、あなたに合うものと合わないものがあります。

たとえば、「仲間をつくる」というものを紹介していますが、同じゴールを目指す仲間をつくることでワクワク頑張れる人もいれば、逆に義務感やプレッシャーを感じて楽しくなくなる人もいるでしょう。

ですから、あなたが「これは取り入れたい」と感じたものだけを、あなたにとって必要な時期に、まずはひとつだけ取り入れてみてください。

①「やっていてもワクワクできない」ときの習慣化を加速させる方法

「仮決め、仮行動」でよしとする

私が大好きな言葉のひとつが「仮決め、仮行動」というものです。

「習慣化シート」を描き終えワクワクして即行動開始――となるのがベストなのですが、はじめは「本当に自分が味わいたい場面なのかわからない」という人もおそらく出てくると思います。

そんなときは「とりあえずこの感情のゴールに向かって動いてみよう」と思って、まずは気軽に「行動」を開始してみてください。

「習慣化シート」は、あくまでも仮のゴールです。それが自分にとって本物のゴールかどうかは、実は動いてみないとわからないのです。

少し「行動」してみて、自分の描いた「習慣化シート」の内容がしっくりこないと感じたら、描き直せばいいのです。

まずは、気軽に、小さく動き出してみましょう。

「習慣化シート」を見る回数を増やす

「『習慣化シート』の内容自体はしっくりきているんですが、今まであまりワクワクするという感情を持つことがなかったので、ワクワクという気持ちがよくわかりません」という人がいます。

そういう人は、「習慣化シート」を見る回数を増やしましょう。朝だけでなく、時間を見つけて目にするとよいでしょう。その際、ただ見るのではなく、思い切り笑顔をつくってみるようにしましょう。なぜなら、態度や表情は感情に連動しているからです。人は、笑えば必ずワクワクしてくるからです。「人前でニコニコしながら紙を眺めるのはちょっと……」という人は、トイレなどの個室にこもって行うのもアリです。

ポイントは、思い切りの笑顔です。ぜひやってみてください。

「習慣化シート」にワクワクする材料を付け足していく

「習慣化シート」に描いたイメージを、さらに具体化していく材料を集めてみましょう。

たとえば、ダイエットに成功して、表参道ヒルズで2サイズ小さな服の試着をして、いい気分に浸りたいと思っているとします。表参道の並木道を紹介する映像などを見て、「ああ、ここを歩いて表参道ヒルズのなかに入るのか」と思ったりしてイメージを高めていくのです。

あるいは「2サイズ小さな服を着てパリの街も歩きたいな」と思ったら、パリの街並みの写真を集めてみるのもいいでしょう。

「習慣化シート」はもちろんのこと、そのほかにもあなたの気分を上げてくれる写真、映像、音楽などを集めて、なるべく触れるようにしましょう。

人の成功談を読む

気持ちをワクワクさせるには、誰かの成功談を読むというのもおすすめです。

特に注目して読むといいのは、「成功したことで何が変わったか?」ということ、いわゆるビフォー・アフターのアフター部分です。

たとえば、あなたが英語の勉強を「習慣化」させたいとします。その場合は、英語の勉強の「習慣化」に成功した人の体験談をインターネットなどで探し、読んでみましょう。

成功談には、おすすめの勉強法はもちろんのこと、そのほかにも

「英語を身につけたことで自信がついた」

「日本語での日常コミュニケーションもうまくなった」

など、あなたの「感情」が共感できるアフターが載っているはずです。そういったアフターに触れることで、あなたの心のワクワクは高まるはずです。

② 「ワクワクしているのに行動できない」ときの習慣化を加速させる方法

とにかく最初は小さく始める

「気持ちはワクワクしているのに、『行動』できないんです」という方もいらっしゃいます。その場合の特徴のひとつが「行動」をとても大きなものとして捉えている、ということです。

たとえば、今まで走ったことのない人が、いきなり毎日5キロ走ろうとしてしまい、なかなか始める決心がつかない――という状態は、これに当てはまります。

これは10秒アクションがうまくできていない証拠です。

もしもフルマラソンに完走して、充実感を得たいのだとしても、いきなり5キロ走るのではなく、極端にいえば初日は「ランニングシューズを履いて近所のコンビニまで歩く」でいいのです。

最初は10秒でできるアクションにしてください。

「絶対に成功する小さな行動」を意識しながら、毎日「行動」を積み重ねるといいでしょう。

私のセミナー参加者で、「自分のことを全然認められない」と悩んでいる方がいました。その方は、「毎晩寝る前に、今日うまくできたことを3つ書くようにしたら、自然と自分を認められるようになりました」と話してくれました。

物差しのメモリを小さくして考える

たとえば、「感情のゴール」に基づいて「今日は5キロ走ろう」と思って走り出したけれど、調子が出ずに2キロで終わってしまったとします。

そのとき、「今日は『行動』できなかった……」と思ってしまっていませんか？

もしもそう思うなら、あなたの物差しの目盛りは大きすぎます。

「5キロ走ったら成功」

「5キロ走らなかったら失敗」

という2つしか測れないからです。

そんなあなたは、自分自身のために、物差しの目盛りをもっと小さくしてあげてください。

たとえば、「ランニングシューズを履いた」「外へ出た」「歩かず走った」「100メートル走った」「1キロ走った」……などがすべて計測できるくらいに目盛りを小さくするのです。

すると、2キロ走ったことが十分素晴らしいと思えるようになります。

あえて、ちゃんとやらない

「最後までやろう」「ちゃんとやろう」という気持ちでものごとを行うと、なんだか力が入ったり、長く続けられなくなってしまいます。

そういう人は「頑張り体質」の傾向があるので要注意です。

「行動」前から力が入ってしまっている状態ではスムーズに始められません。たとえ始められたとしてもすぐに息切れしてしまいます。そのままの状態で続けようとすると、「want to」(やりたい)の気持ちで始めたはずなのに「have to」(やらなければ)に変わってしまうのです。

「頑張り体質」の人は、「最後までやらない」「ちゃんとやらない」という感覚を大事にしてください。

これは私のコーチングの師匠である平本あきお先生から教えていただきました。

今日の目標を「参考書を5ページ解く」と決めてスタートしても、気持ちの乗った状態のまま4ページで止めてみる。そんなふうにあえて「最後までやらない」日があってもいいのです。

「毎日机の上をキレイにしてから帰る」

と決めてスタートしたものの、今日は書類をそろえるだけで終わりにする。そんなふうにあえて「ちゃんとやらない」日があってもいいのです。

自分のハードルを低くして、「行動」しやすくしてあげる配慮をすると、行動が加速化し、習慣化がうまくいき始めると思います。

今の習慣に「新しい行動」をくっつける

新しい「行動」を定着させる上で難しいのが、忘れずに毎日行動することです。

たとえば「英語のフレーズを毎日3つ覚えたい」と思ったとします。

このとき、「これからは、帰ってきたら、まず机に座って覚えよう」とすると、なかなかうまくいきません。

なぜなら、新たに時間を確保し、しかも「机に座る」と「英語のフレーズを覚える」という2つの「行動」を「習慣化」しようとしているからです。

けれども、「毎晩お風呂に入るから、湯船に浸かっているときにフレーズを覚えよう」としたらどうでしょうか？

お風呂はすでに「習慣化」されているので必ず入ります。

そこに「新しい行動」をくっつけてしまうのです。そうすれば、「習慣化」に成功しやすくなるのです。

私のセミナーの参加者のなかに「『通勤電車でしか本を読まない』と決めたら読書が『習慣化』できました」という人がいました。電車に乗るという「習慣」に「読書」という「新しい行動」をくっつけた好例です。

また、たとえば、ダイエットのために毎日1時間ジムで運動したいとします。このとき、帰り道の途中にあるジムに通うのと、帰り道からかなり外れた場所にあるジムとでは、どちらが続けやすいと思いますか？

答えは明らかだと思います。帰り道からかなり外れた場所にあるジムは、通うだけで多くの時間が必要です。

すると、忙しいときなどに「今日は忙しくて行けないな」となる可能性が高くなります。生活動線のなかにジムがあるかないかは、非常に重要なのです。

「新しい行動」を、あなたの今までの「日常」のなかに落とし込み、できる限りスムーズに始められるようにしましょう。

「習慣化」は一度にひとつずつ行う

私のところに相談に来られる方のなかにも「やりたいことがたくさんありすぎて、逆に『行動』できない」という人がいます。

こういった人は、たくさんのことを同時並行で行おうとする傾向があります。その気持ちはわからないではありません。

けれども、私たちの生活はすでに「何気ない行動習慣の束」で埋めつくされています。また、私たちの脳は「現状維持」を望む傾向にあり、「すぐに行動して続けられる」人の割合が4％。それほど、「行動の習慣化」は難しいものです。

ですから、「習慣化」は一度にひとつずつ行うようにしましょう。

「習慣化」できたかどうかのひとつのメドは、3週間です。ひとつの「新しい行動」を3週間続けられて、日常生活の一部としてしっくり馴染んだと感じたら、次の「新しい行動」を開始してみましょう。

③「忙しくて、中断してしまう」ときの習慣化を加速させる方法

3人で一緒に始め、定期的に報告し合う

スキューバダイビングで2人以上で組むことを「バディを組む」と言います。バディとは「相棒、仲間」という意味です。3人でバディを組み、定期的に「行動」結果を報告し合うのです。

たとえば、「夏までにダイエットを続けて痩せたい」という思いがあったとします。「私も一緒にやりたい」という人をあと2人募って3人チームを組みます。「行動」は各自行い、たとえば日曜日の夜にスカイプ通話などを利用して、1週間の自分の「行動」内容や、やってみた感想、特に効果のあったことなどを報告し合います。自分ひとり

だけだと続かないという人でも「仲間に報告しなきゃ」と思うと続きますし、楽しい仲間と組めば「すごく成果があったよ」と報告したくなって、さらに頑張れたりします。

　このとき、いくつかのポイントがあります。


ひとつ目は、人数。これは3人がベストです。


　2人でもかまわないのですが、2人だけだとどちらかが「今週は忙しくてあまり『行動』できなかった」とか「今週は定期報告の時間に予定があるから報告会はナシね」となることが多くなり、すぐにバディが崩れてしまう可能性が高くなります。

　その点、3人であれば、ひとりがそういった状態になっても2人で続けることができます。そして、1週休んでひとりが戻ってくることができるので、長続きするのです。

　ただ、「それならば3人よりも多いほうがいいのでは?」と考える人もいると思います。一概に言えませんが、あまり人数が多くなると「自分はこのグループに脇役として属しているだけ」と感じ、主体感をなくして頑張らなくなる人がいます。

　私の経験上、まずは3人で始めてみるのがいいと思います。

2つ目は、定期報告の日時と方法。これは必ず決めることです。

「日曜日の夜にLINEで」くらいのゆるやかな取り決めでかまいません。これを決めておかないと、締め切り感がなくなってしまい、報告の機会を失ってしまいます。

また、報告の方法ですが、SNSを使って文字だけで報告するのでも十分効果がありますが、成果の様子を写真で添付したりするとさらに効果が上がります。また、スカイプなどで音声通話やビデオ通話をしても、楽しい報告会になります。

3つ目は、雰囲気。とにかく明るい報告会にすることです。

そのためにも、減点方式ではなく、必ず加点方式にすることが大切です。「何もできなかった」と思う週でも、実は何かできていることがあるはずです。そこをしっかり確認し合う場にしましょう。

報告会は、「よーし、明日からさらに楽しく頑張るぞ」と全員が思うことが目的です。どういう方法が全員にとって後味のよいものになるかをイメージしながら方法を仮決めします。そして、報告会を続けながら、日時や方法は自分たちに最適なものにどんどん変えていくのもいいでしょう。

「自分アポ」を入れる

「やろう、やろうと思うんですが、予定がどんどん入ってしまって……」というタイプの方におすすめです。

このタイプの方は「他人との約束＞自分との約束」という図式になっています。つまり、他人との約束のほうが、自分との約束よりも優先順位が高いわけです。

もちろん、それが悪いというわけではありません。あなたの価値観にぴったりする考え方ならいいのです。

けれども「本当は、週に何日かはランニングをしていい汗をかきたい」「本当は、毎日30分はカフェで自分の好きな本をゆっくり読みたい」「本当は、夜飲みを減らして体型をスリムにしたい」といった思いがあるのならば話は別です。

もしもそういう思いがあるならば、まずはその予定をスケジュールに書き込んでしまいましょう。他人からのアポと同等、いやむしろ自分のアポを最優先にしてスケジュールを組み立ててしまうのです。

月のはじめ、週のはじめなどに、あなたが絶対に確保したい時間を書き込んでみてください。そして、その時間であなたの望む「行動」を続けてみましょう。

それが、あなたの人生を向上させる「よい習慣」であればあるほど、不思議と困り事は起きないものです。

プランABCを立てる

「感情をゴールに、その日のやることを決めましょう」と提案している本書ですが、とはいえ資格勉強などの場合は「この参考書をしっかり終わらせなければ合格はあり得ない」などの必須条件が出てきます。

そういった状況で「予定は立てるんですが、なかなかそのとおりにうまくいかないんですよね……」と悩んでいる人は、ぜひこの方法を取り入れてみてください。

おっしゃるとおり、予定はなかなかそのとおりにいかないものです。

「資格試験まであと1カ月！　今週は絶対に参考書を30ページ進めたい」と思ってい

たとします。そして、火曜日の夜と土曜日の夜に15ページずつやろうと決めていたとします。

ところが、火曜日の夜が残業になってしまった……うまくいかなかったということってありますよね？

どんな状況に陥っても「1週間で必ず30ページを終わらせる」ためには、プランを複数立てておく必要があるのです。

たとえば、

・プランA【理想的プラン】……火曜日の夜に15ページ、土曜日の夜に15ページ

←（でも、火曜日の夜に残業になるかも）

・プランB【もしものプラン】……水～金で5ページずつ、土曜日の夜に15ページ

←（でも、水～金の夜のうち何日かは勉強する体力が残っていないかも）

・プランC【もしももしものプラン】……水～金のどこかで10ページ、土曜日の夜に15ページ、日曜日の夜に5ページ

といった具合です。

このようにプランを3つほど考えておくクセをつけてしまえば、「予定どおり進まない」という状況はかなりの確率で回避できます。

④「途中で諦めそうになった」ときの習慣化を加速させる方法

「結果」ではなく「行動」にフォーカスする

「習慣化できたらすごくワクワクするけど、本当にそこまでいけるのかな……」と「行動」しながら疑問を抱いたり、不安になったりすることがあります。

そういう段階では、「感情のゴール」は大切にしつつも「行動」に集中してみてください。

「これならゴールに行ける」と自分が感じられるまで、「行動」をするのです。

ある個人事業主の方と話していたときのことです。

「ブログをやっているんですが、イベントの参加者が思うように集まらなくて……」

というご相談を受けたことがあります。

「ブログはどれくらい更新しているのですか？」

と聞いてみました。

「そうですねえ、月に4～5回といったところです」

さらに私は「イベントの告知は何回しましたか？」と尋ねました。

「えーっと、1回です。あんまりしつこく告知するのはどうかと思って……」

結局、詳しくお話を聞いてみると、実はそれほど行動していないことが多いのです。

こういうときには「ブログの更新を増やして、告知も3回はしてみるのはどうでしょうか？」というお話をよくします。なぜなら、

・ブログの更新や告知＝自分でコントロールできる＝行動
・参加者の数＝自分ではコントロールできない
（参加するかどうかを決めるのは最終的には各人）＝結果

だからです。

ここで大事なのは、「自分でコントロールできることに意識を向ける」ということです。正直なところ、参加者の数がどうなるかはわかりません。けれども、「参加者の数が定員に達する確率を最大限まで引き上げる」ことはあなたの「行動」しだいで可能なのです。

喜んでくれる人に意識を向ける

人は他人の喜びのために頑張ろうとするときに、一番大きな力を発揮できます。あなたが心から「味わいたい！」と願う「感情のゴール」の場面にいる人たちは誰ですか？

その人たちのことを思い浮かべてみましょう。

たとえば、「怒鳴ったりせずに気分よく毎日を過ごしたい」と思っているとします。そんな過ごし方ができれば、あなたが穏やかで充実した気持ちになれるのはもちろんですが、あなたの周りの人たちが笑顔になれるはずです。もっとあなたと一緒にいたいと思うはずです。

あなたが「習慣化シート」で描いたゴールに到達したら喜んでくれそうな人は誰でしょうか?

思い浮かべてみてください。

たとえば、フルマラソンを完走して最高の充実感を味わいたい、そのために3カ月間しっかりランニングの練習を続けたいとします。


あなたが完走したとき、あなたの成功を喜んでくれる人はいませんか?

あなたの周りに「頑張ったね」「すごいね」と言ってくれる人はいませんか?


その人たちのことを思い浮かべると、「感情」がワクワクしてくるはずです。

あなたの周りで喜んでくれる人を、ひとりでもいいので、思い浮かべてください。

さらに、心のなかで思い浮かべるだけでなく、実際に応援者になってもらうのもおすすめです。

たとえば、家族などに「自分がマラソンを完走したら、お祝いでおいしいものを食べに行こう」などと提案して、自分だけの喜びではなく、みんなの喜びにしてしまうのです。応援者になってもらうのは、家族や親友など自分の大切な人たちがいいでしょう。

人は、苦しい場面でほかの誰かのことを思うと頑張れます。気持ちがくじけそうになっても「大事な家族との約束を果たすぞ」と思うと、気力が湧いてくるものなのです。

あなたのゴールは、あなただけのものではないはずです。その人たちの笑顔は、あなたがゴールにたどり着くことで生まれるのです。

体験を笑いに変える

「自分が体験していることを誰かに面白く話そう」という姿勢で「行動」すると、2つのいいことがあります。

ひとつは、つらい山を乗り越えやすくなることです。たとえば、ダイエットでは必ず停滞期があります。

そのとき、「今ちょうど停滞期でつらいんだよー。目の前にあるものがすべて食べ物に見えちゃう（笑）」とか「停滞期には、嗅覚が敏感になるんです。それまでわからなかったおいしいニオイがわかるようになりました（笑）」といった話をしようと思えば、つらいことが乗り切りやすくなります。

実際、お笑い芸人の方たちは何かハプニングに出くわすと「おいしい」と思うそうです。なぜなら漫才やコントのネタにできるからです。

もうひとつは、自分を客観視できるようになります。

ゴールにたどり着くまで続けるには、心に余裕を持って自分の状態を把握する目も必要です。

笑いは体をリラックスさせ、心に余裕を生みます。

その上で「自分は今どんな状態になっているんだろう？」とイメージすると、自分の内側から感じるものだけではなく、自分をもうひとりの自分が見つめることができます。

そうすると、「停滞期はもうすぐ終わるはず。そのあとでまた体重が落ちていくはず」と、ゴールまでの道のりを大きな流れで捉えられるようになるのです。

⑤「途中で飽きてサボってしまう」ときの習慣化を加速させる方法

基準を上げる（締め切り、ゴールライン）

途中で飽きたり、なかだるみしたりするときがあります。

それは、「その『ゴール』が、すでにあなたに物足りないものになっている」からかもしれません。

たとえば、「1カ月に1冊、本を読む生活を送ろう」と思ってスタートし、2カ月続いたものの、3カ月後になんとなくやめてしまったとします。

やめてしまった理由として考えられるのは「1カ月に1冊、本を読む」というのが、今のあなたにとってレベルの低すぎるゴールである可能性があります。

つまり「簡単すぎて燃えない」のです。

この場合、どうすればいいのでしょうか?

もしも「本を読む」という「習慣」があなたにとってやはり大事だと再確認できるようなら、次のいずれかにトライしてみてください。

A）締め切りを短くする

これまで「1カ月に1冊」と決めていたことを「2週間で1冊」にしてみます。そうすれば、一気に2倍の知識を得ることができます。「2週間で1冊」でも現実的だなと思ったら、思い切って「1週間に1冊」にしてみます。

締め切りまでの期間を3分の1、4分の1までぐっと縮めて同じ成果を出そうとすると、今までのやり方を根本的に変えなくてはいけなくなります。すると、いいアイデアが生まれてきます。

ちなみに、さまざまな場面でこれができるようになると、今までの生活に余白をつくることができるようになり、「新しい習慣」を導入しやすくなります。

B）ゴールラインを引き上げる

「行動」の難易度を引き上げるのもひとつの方法です。

たとえば、「今までは1カ月に1冊日本語のビジネス書を読んできたけれど、辞書を片手に、ドラッカーの本を原書で読んでみよう」というのもアリです。

また、「行動」の質を上げるのもいいでしょう。

「今までは1カ月に1冊ビジネス書を読んできたけれど、その感想をブログに書いてみんなに伝えるところまでやってみよう」といった具合です。

何事もどんどんうまくなっていく人というのがいます。

そういった人たちは手応えをつかむと、締め切りを早めたり、ゴールラインを引き上げて、自分自身を成長させる仕組みをつくるのが上手なのです。

ただし、ほかの方法と同様、この方法も合う・合わないがあります。「自分を楽しませる仕組み」のひとつと捉えて、上手に活用してください。

やらない日を決める

「習慣化を始めてみたけど、つらくなってきた」

「毎日続けるのはやっぱりきつい」


そう思われるかもしれません。

このときの問題は、「やる気にならないこと」でも「きついと思ってしまうこと」でもありません。

やらない日をしっかり決めていないからです。

続けられるコツは、ハードルを低く、無理をしないことです。

だから、習慣化のために毎日やることを決めるのと同時に、「やらない日」を事前に決めておくことも大切です。

最初から「この日はやらない」と決めていれば、休んだからといってヘコむことも、きついと思うこともなくなります。

毎日やることは、ハードルが高いものなのです。

エモーショナルハビットは、1日1分とはいえ、毎日行うのがベストです。

しかし、それがハードルになると感じるようでしたら、最初から
「週末はやらない」

「日曜日はやらない」

と決めておけばいいのです。

少し休みを入れたほうが、ものごとがうまく運ぶこともあるのです。やり続けるというのは、それくらい大変なことですから。

先に「やらない日」を決めておけば、それだけでかなり心がラクになるはずですし、新しい習慣も続けられるようになるのです。


ときには、思い切って何もやらないと決断することも必要です。徹底的に休み、思い切りリフレッシュしましょう。気分が晴れたら、再開すればいいだけなのです。

「損失回避の法則」を使う

人間には「元を取りたい」という心理が働きます。

これを専門的には「損失回避の法則」と呼びます。この心理をうまく利用するのです。

「毎朝早起きして出社したい」と思い、早朝出社をしているとします。ところが、ちょっときつくなってきてしまったとします。

そんなときに、自分に投資をしてみるのです。たとえば、とても音質のいいイヤホン。ひとつ数万円もするので、普段の自分だったら買わないけれど、思い切って買ってしまうのです。

そして、「このイヤホンで毎日大好きな音楽を聴きながら出社するぞ。そして、バリバリ働いて成績を上げてイヤホン代を回収するぞ」と頑張るわけです。

あるいは外に出るのがつらい季節になってきたとします。

そんなときに、かっこいいランニングシューズを思い切って買ってしまいます。そして、「よし、これだけ自分に投資したんだから続けるぞ」と気合いを入れるのです。

いたずらにお金をつぎ込むのではなく、あなたの気分をすごく上げてくれるモノ・コトに投資するといいでしょう。

ダレてきた自分に大きな刺激を与えるひとつの方法です。

ぜひうまく使ってみてください。

SNSなどを使ってオープンにする

フェイスブックなどのSNSが素晴らしいのは、読んでくれた方からコメントが届くところです。そこで、「自分が到達したいゴールはこういうことです」と明記した上で、その活動の様子を報告してみるのです。

あなたが「頑張っているけど今イチ目に見える成果が出ない」と書けば読者の人たちが「そういう時期もあるよ、頑張って」と言ってくれるでしょう。

「よい成果が出ました」とうれしそうに報告すれば、一緒になって喜んでくれるでしょう。

その声援の一つひとつが、あなたの背中を押してくれるはずです。

そして、「無事にゴールにたどり着きました」と報告すれば自分のことのように喜んでくれるでしょう。

読者のみなさんもきっと一緒に冒険を楽しんでくれるはずです。もしよかったら、うまく活用してみてください。

目標実現のスピードをさらに加速する方法

本にするつもり、先生になるつもりで

「自分が体験したことを体系化して人に教えられるようになろう」と思うと、さらに高い意識で取り組むことができます。

たとえば、「TOEIC400点だった私が、たった3カ月で800点取れた奇跡の学習法」などと自分で勝手にタイトルをつけてみます。そして、成功した暁には、先生としてほかの人に成功のメソッドを伝えるのです。

そうすると、

「どうすればうまくいき、逆にどうすればうまくいかないか?」

「なんとなくではなく確実にうまくやるにはどうすればいいか？」
「できるだけ簡単に成果を出す方法はないか？」

を常にチェックするようになります。

さらに、先生として1冊の本を出すくらいの気持ちで取り組んでもいいでしょう。
「ポイントはココ！」など特に強調したいことを整理しながら「行動」するクセがつき、どんどん「行動上手」になることができます。

ぜひ楽しみながらやってみてください。

「緊急でないが重要なこと」をやる

「行動」を次々と「習慣化」できるようになった段階。それは、「自分の人生において本当に優先すべきことは何か？」を考える段階です。

スティーブン・R・コヴィー博士は『7つの習慣』の「第3の習慣～最優先事項を優先する～」の章で「人間活動の4つの領域」を私たちに示してくれています。そして、そのなかでもっとも優先すべきは「緊急でないが重要なこと」だと教えてくれます。

ここに当てはまるのは、人間関係づくり、健康維持や自己啓発、仕事や勉強の準備や計画などだそうです。

こういった「緊急でないが重要なこと」は、「緊急なこと」があると後回しにされたり、「重要でないこと」の楽しさに負けてしまうことがあります。

たとえば、夜のウォーキングは今の自分の健康状態を考えると最優先すべきことなのに、「仕事に追われてなかなか時間が取れない」といったことや、「人から誘われるとうれしくて飲みに行ってしまう」といったことが起こります。

「緊急でないが重要なこと」に手をつけやすいのは、いろんなことがうまくいっているときです。なぜなら、心に余裕があり、自分を客観視できるからです。

あなたにとって「緊急でないが重要なこと」は何でしょうか?

それを「習慣化」しようとしていますか?

この機会にぜひチェックしてみてください。

続けられる人の秘密

ここからは、さらに習慣を加速化するために、続けられる人が行っている「行動を続けるコツ」をご紹介していきます。

スティーブ・ジョブズ、イチローなどの偉大な人だけでなく、何かしらの分野で成功を収めている人は、必ず行動を習慣化させています。

彼らは、「続けよう」と思っていません。

自分の欲望やビジョンを具体的にイメージできているため、ワクワクする感情に向かって、必要な行動をし続けているだけです。

もちろん、彼らは心は熱く、頭は冷静になっています。

ですから、無理して続けているわけではないのです。

本章では、続けられる人の共通点をご紹介していきましょう。ここまでご紹介した習慣化シートと一緒に、これらの点を意識すると、より簡単かつ効果的にあなたの望む習慣化ができるようになるはずです。

続けられる人は「小さな車輪」を回し続ける

「続ける」のがうまい人は、「行動」を小さくするのが上手です。

私はそれを「小さな車輪を回すのがうまい」と表現しています。

「続ける」のは、とても大変な作業で、大きな労力とたくさんの手間が必要――そんなイメージを抱く人がいるかもしれません。でも、それは「大きな車輪」を回そうとするからです。

続けられる人は、小さくて簡単なことから始めます。

たとえば、フルマラソン大会を完走するのに取る最初の行動は「ランニングシューズを履いて近所を散歩する」だったりします。散歩するだけなら、誰でもできますよね？

でも、そこに成功の秘けつがあるのです。

誰でも必ず成功できる小さな「行動」を積み重ねて、自分自身を「楽しいなあ。うまくいくなあ」という気持ちにさせていくのです。すると、「小さな車輪」はくるくると回り始め、スピードを増していきます。

スピードを増していけば、「行動」のレベルがどんどん上がります。そこでも引き続き、自分としては「小さな車輪」と思えることをやり続けます。そして、いつの間にかとんでもないレベルに達してしまうのです。

メジャーリーガーのイチローも「小さいことを重ねることがとんでもないところに行くただひとつの道だ」という名言を残していますが、まさにそのとおりだと思います。

続けられる人は「成長は登山と一緒」と知っている

多くの人は、成長イメージを直線的なものとして考えていると思います。つまり、ひとつ行動すれば、それに比例してひとつ結果が出るというイメージです。

ところが、実際はそうではありません。

私も、尊敬する学びの師匠からこのことを教えていただき、驚いた記憶があります。

成長イメージは、二次曲線を描き、富士山の稜線のようになるのです。

「行動」＝「歩数」

「結果」＝「標高」


だと思ってください。

富士山の1合目を歩き出した頃は、なかなか標高が上がっていきません。でも、9合目、10合目を歩いているときは、一歩進むたびに標高がぐんぐん上がっていきます。

結果の出方も、これとまったく同じなのです。

「行動すること」「続けること」に成功する人は、最後に結果が出てくるイメージを常に持っています。

今すぐにではないけれど、もっと大きなお楽しみの時期は必ずやってくる――それを知っているから、前を向いて続けられるのです。


小さな上下動に一喜一憂しないのも、「続ける」のがうまい人の共通点です。

ダイエットなどを続けていると、「ここ1週間ほど会食が続いて、先週よりも体重が増えてしまったなあ」ということが起こります。

特に、体重計に乗ることを日課としている人などは「うわ、また増えている」という思いを繰り返して、その思いがきっかけとなってダイエットをやめてしまった経験もあるのではないでしょうか？

続けられる人の場合は、ミクロの視点で数字の変動を見ようとしません。正確には数字の変動を見てはいるのですが、あまり気にはしていないのです。

では、どのように見ているのか？

成長企業の「株価チャート」のように見ています。つまり、短期的な成功ではなく、長期的に成功に向かっていればいいという考え方です。

たとえば、株価は右肩上がり。

一見、創業以来、株価は下がっていません。

けれども、毎日必ず株価が上がっているのかと言えば、そうではありません。

ここ1週間の動きに絞って株価を見てみると、3日前は何円も上がったけれど、2日前は少し下がった……などを繰り返しているものです。

長期的に見ると、ずっと右肩上がりに見える人でも、日々見ていれば、下がっている日もよくあるのです。

成長は株価チャート

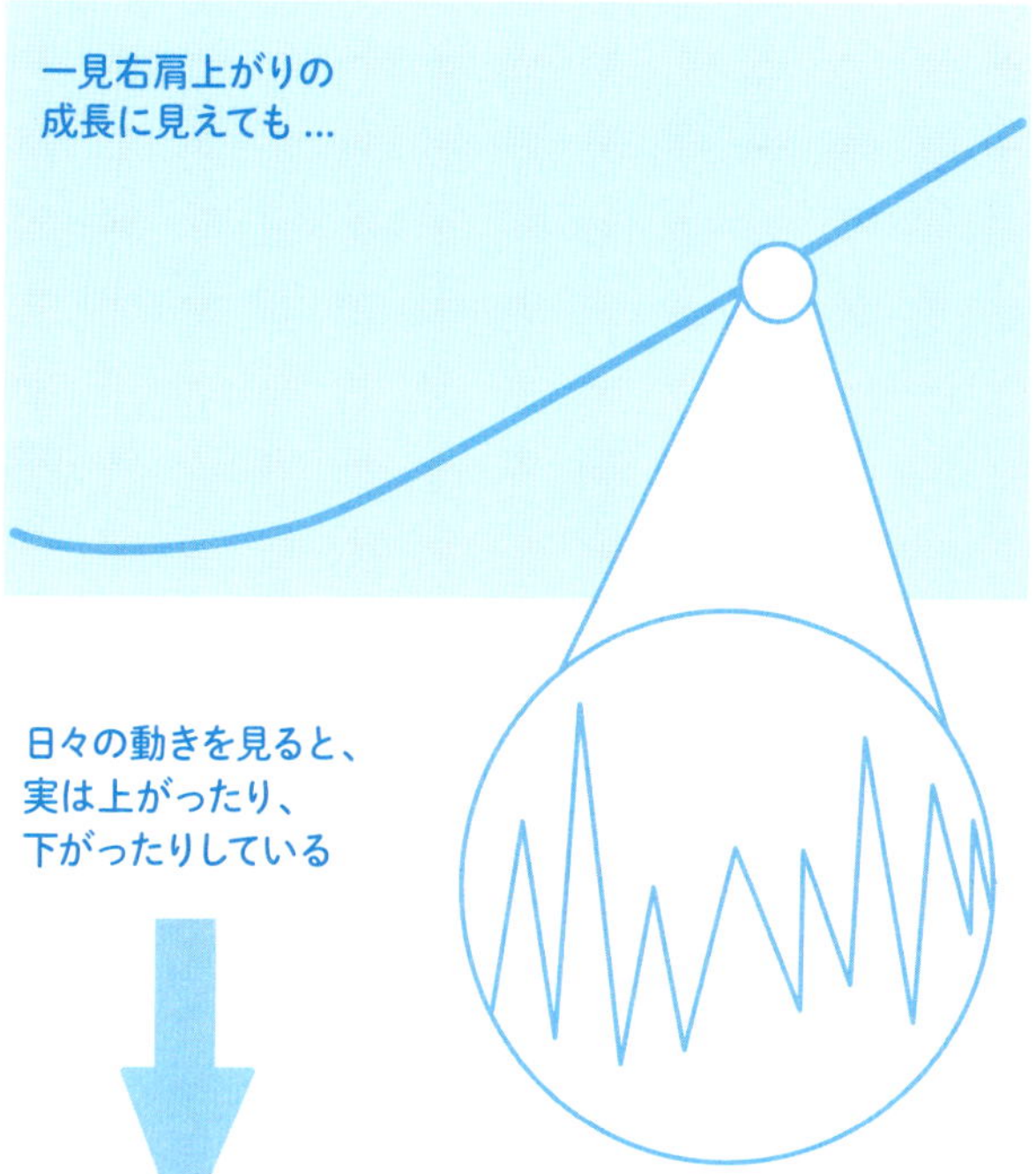
一見右肩上がりの
成長に見えても…
日々の動きを見ると、
実は上がったり、
下がったりしている

日々の動きにうろたえず行動や習慣を
コントロールすれば、結果は出る

続けられる人ほど、一喜一憂しない

目的はゴールの感動、目標はゴールテープ

続けられる人は「練習を休んだ日」でも「行動した」と捉えます。

それができるのは「自分自身が『行動』する目的は何か？」を知っているからです。

私たちは、目的と目標を混同しがちです。

よく「目標は必ず計測可能なものにしなさい」という言葉を耳にしますよね？「TOEIC600点」という目標は、目標に到達したかどうか計測可能です。「資格取得」や「月間売上300万円」も同様です。これはとても重要なことです。

ただし、目標はあくまでも目標であって目的とは違います。

マラソンの話でたとえるならば、

「目的」＝ゴールの感動
「目標」＝ゴールテープ

なのです。

ゴールテープ（目標）がなければ、どこまで走っていいかわかりません。ですから、わかりやすい目印はあったほうがいいに決まっています。

けれども、なぜ走るのかは「ゴールテープを切りたいから」ではありません。「ゴールテープを切ることで得られる何か」を体験したくて人は走るのです。

つまり、目標よりも目的が大事なのです。

単にゴールテープを切るためだけじゃない。自分はいったい何に感動したくて「行動」を続けたいのか——？

それが常にわかっていれば、私たちは自然と続けられるのです。

「本気でやめたい！　悪い習慣」を変える方法

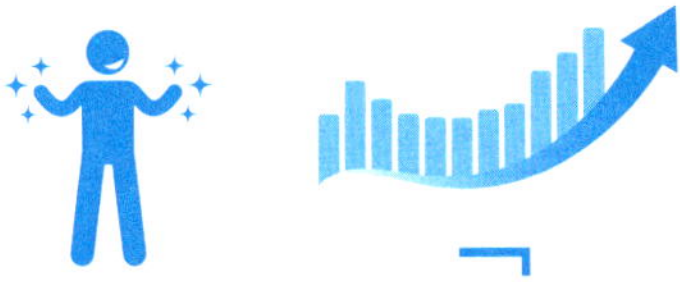

「やめよう」がやめられない自分をつくる

本章の最後に、「悪い習慣をやめる方法」についてお伝えします。
あなたには、やめたいのになかなかやめられない習慣がありますか？

「アイスクリームを食べすぎてお腹を壊してしまう」
「飲み会になると記憶がとぶまでお酒を飲んでしまう」
「何度も禁煙にチャレンジしてるけど、やめられない」
「深夜のおやつのつまみ食いがやめられない」

「意味なくネットサーフィンを続けてしまう」

など、誰しも、やめたいのにやめられない悪習慣を抱えていると思います。
やめたいと思えば思うほど、なかなかやめられないのではないでしょうか？
やめられない理由は、

・ついついやってしまう
・楽しい
・やめるのが苦痛

など、いくつも思い浮かぶはずです。しかし、本当は、

「やめたいことに意識をフォーカスするから、やめたくてもなかなかやめられない」

のです。

一度身についた習慣は、いきなり消すことはできない

「やめたい」に意識をフォーカスすればするほど、やめたいことをやり続けてしまいます。

頭でどれだけ、やめようと思っても、心は「否定形」を理解できません。頭ではいくら逆方向にハンドルを切っているつもりでも、心はやめたいことにハンドルを切るだけで、そちらに進んでしまっているのです。

実は、一度身についた習慣は、いきなり消すことはできません。

では、どうすればいいか？

それは**「新しい習慣をポーンと入れる」**のです。

減らしたい習慣よりも、増やしたい習慣を意識することです。

先ほどの例に挙げた人は、すべて私のお客様です。私は新しい習慣にフォーカスし

てもらいました。

すると、「アイスクリームを食べすぎてお腹を壊してしまう」と悩んでいた方は、アイスクリームは買い置きせずに1回ごとに買うのを習慣にしたことで、結果として食べすぎなくなりました。

「飲み会になると記憶がとぶまでお酒を飲んでしまう」と悩んでいた方は、飲み会では生ビールを1杯飲んだ後は、瓶ビール1本、そのあとは烏龍茶という新しい習慣をつくったことで、楽しくお酒を飲めるようになりました。

私の場合、気持ちがなんとなく落ち込んでいたり、やたらとハイテンションなときは、夜なかなか寝つけなくて、悩んでいました。そんなときはテレビを見ながら寝ていました。

しかし、「新しい習慣を加える」ことに気がつき、それを実行しました。

「眠れないときはお笑い動画を見て、笑ってリフレッシュする」という習慣を加えたのです。

それをするようになってからは、夜中にテレビを見続けることはなくなり、気持ちを自然と切り替えられて、しっかり眠れるようになったのです。

あなたがもし、やめたいのにやめられないことがあるのなら、「減らしたい習慣」よりも「新たに加えたい習慣」の優先順位を上位にしてみてください。

「やめたい」「やめよう」と思うより、続けたいことに注力しましょう。その結果、悪い習慣を減らしたり、やめたりすることができるはずです。

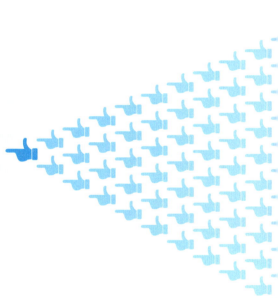

第6章

自分と仲良くなる習慣

自分と仲良くなれる人が、続けられる

ここまで、習慣化を加速させる方法、続けられる人になるためのコツについて書いてきました。

今回お伝えした「習慣化シート」は、実は「自分と仲良くなる」プロセスでもあります。

自分と仲良くなるとは、自分を受け入れ、よりそい、自信をつけていくことです。毎朝、50秒で自分の頭・体・心の声に耳を傾け、味わうことが、自分を受け入れ、よりそうことになり、10秒アクションで自信をつけていけるのです。

自分の頭の声、体の声、心の声を素直に聞くことで、自分と仲良くなれるのです。

逆にいえば、自分と仲良くなるというのは、自分とよいコミュニケーションがとれるようになるということです。

あなたはどのくらい自分の声を聞いていますか？

まずは、自分自身の3つの声にしっかりと耳を傾けてみてください。それが自分と仲良くなる第一歩であり、本当に手に入れたい習慣をつかむ第一歩になります。

結局、続けた人がすべてを手に入れるのです。

そして、心の声を聞ける人が、感情を味わい続けられるので、続けられるのです。

本章では、自分と仲良くなるための方法をご紹介していきます。

ネガティブな心の声にもよりそうと、自分と仲良くなれる

3つの声のなかでも「心の声」を特に意識して聞いていきましょう。

面倒くさい、こわいもOKです。

「今は、面倒くさいと思っているんだね」

「今は、こわいんだね」

と受け止めましょう。その上で、

「面倒くさいと思っている自分だからこそ、今何ができるんだろう」

「こわいと思っているからこそ、何ができるだろう」

と、問いかけてみるのです。

一見ネガティブで、続けることの邪魔になりそうな声だとしても、無視はしないでください。今、あなたがそう思っている、そう感じているのには必ず意味があるのです。

まずは、いったんニュートラルに受け止めましょう。ニュートラルに受け止めるとは、自分が思っていること・感じていることについて、「いい・悪い」という判断や評価をせずに、そのまま受け取るということです。それが自分と仲良くなる第一歩です。

自分と仲良くなる方法は、人と仲良くなるときと同じです。

人と仲良くなるには、まずは自分を知り、次に相手を知ることです。自分は何が好きで何が嫌いか、人に何を求めているのか、などをわかっている必要があります。

自分と仲良くなるのも同じ感覚なのです。

自分のリアルタイムな感情を知ることから、始まります。

「本当はやりたくない」

「面倒くさい」

「うまくいかなかったら……と思うと怖い」

と思っているのに、それを無視してしまったら、自分と仲良くなれません。行動も続いていかないでしょう。

自分が本当に感じていることを無視し続けていると、心の声を聞けなくなってしまい、感情を味わえなくなってしまいます。

自分の心の声によりそうことができれば、感情が安定し、目指すべき本当の方向がわかるから習慣化しやすくなります。

誰だって、いつもポジティブではいられません。ときには落ち込んだり、不安になったり、嫌になったりするでしょう。人間なのですから、当然です。

大事なのは、常にポジティブな状態でいることではなく、今の自分の状態に気づいていることです。

自分の感情の現在地を知り、受け入れることができたとき、はじめてそこから自分で抜け出すことができるのです。

心の声が悲鳴をあげたら、最優先することは……

心の声が実際に、ネガティブなメッセージを発していることに気がついたら、どうすればいいでしょうか?

最優先に行うべきことは、何か行動しようとするのではなく、まず心の状態をグッドコンディションに戻すことです。具体的には、先ほど述べたようにネガティブなメッセージも一度、ニュートラルに受け止めるということです。

心の状態は結果に影響します。頭と体も同じように影響を与えますが、心の声にはとても大きい影響力があります。

たとえば、「自分はできる」と心から思っている営業マンと、「自分にはできない、無理」

と思っている営業マンとでは、相手が受け取る印象が変わってくるので仕事の結果も大きく変わってくるのです。

心のコンディションが悪い状態（無理、できないと思っている状態）では、どれだけ営業の能力やスキルがあっても、いい提案を持っていたとしても、結果につながりにくくなるのです。

だから超一流の人ほど、コンディションを大切にするのです。

イチローなど、傑出した結果を出している人は、コンディションを大切にし、すべからくよい習慣を味方につけています。

続けられる人がすべてを手に入れる

よい習慣は、あなたを絶対に裏切りません。

結局は、やり続けた人がすべてを手に入れるのです。

続けられない人よりも続けられる人が、あらゆる結果を手にします。

ビジネス、スポーツ、芸術、勉強……さまざまな分野のトップは、「続けた人」なのです。

そして、よい習慣に囲まれた人生で、余裕を生み出していただきたいのです。よい習慣は行動を自動化してくれるので、頭と体と心に余裕を生み出します。その余裕が、よりよい成果を生み出します。

私が、自分と仲良くなる習慣という観点から、大切だと考えているポイントは、次の3つです。

・自分を責めるパターンから「自分を受け入れる」スタンスへの転換
・自信を取り戻し、自分の人生を生きる
・心の声によりそった自然体の行動

行動しないと、人はなぜか自分を責めてしまいます。
まずは、そこから抜け出す必要があります。
そのために大事なのが、「自分を受け入れる」というスタンスへの転換です。

自分を責めてばかりいる人は、自分に都合のいい声しか聞いていないのです。

「自分に自信を持つ」と言うのは簡単ですが、実践するのは難しいかもしれません。

心の声に耳を傾け、その声を受け入れて、行動を変えていくことで、自然と自信を取り戻すことができます。

自分を取り戻したとき、はじめて自分の人生を生きることができるのです。

「続けられる自分」は、自分に最高の自信を与えてくれます。

そうなるためにはまず、心の声に耳を傾け、よりそう必要があるのです。

心の声によりそう

先日パソコンの整理をしていたら、8年前のメールが目に飛び込んできました。

当時会社員だった私が、ある著者の方にあてた相談のメール。

その文面を読み、泣きました。

自分の能力的に独立は難しいと思っています。
でも欲をいえば、もっと魅力的な人、自分と価値観が共鳴する人たちと働きたい。
将来的には、人の相談にのったり、本を書いたり、セミナーを開きたい。
何か確たるものをつかんだ人、信念を持った人になりたい。

当時、独立起業ということは、夢のまた夢と思っていました。
仕事で特に目立った成果を出していない自分が、独立などできるはずがない。
独立しても、やっていけるはずがない、と思い込んでいたのです。
独立起業は「憧れ」でした。

今、あのとき「欲をいえば」と書いていたことは、すべてかなっています。
「心の声は実現する」のです。
「本音は実現する」のです。

ただし、大事なことがもうひとつあります。

それは、その心の声に「よりそい・未来をイメージしてみる」ということです。

私は、ごく普通の平凡な人間です。

そんな私が、「心の声」によりそい、心の声を素直に聞けるようになってから、わずか5年。

現在は、こうして3冊目の書籍を出版させていただき、本当に尊敬できるお客様、仲間に囲まれて仕事をさせていただいております。

「本気で変わりたい」

と私なりに10年間、頑張って行動していたのに、どうして変われなかったのでしょうか？

それは、自分の「頭の声」ばかり聞いていていたのです。

ものすごく焦っていたのです。

「このままでは、まずいから、何かしないと」

「もっと、会社で昇進しないと」

「もっと、上司に認められないと」

「お客さんからも評価されないと」

「変わらないと、自分がダメになってしまう」


そう思って、手当たりしだいに動くのですが、

「自分の資質的には、この会社でこれ以上認められるのは難しいな」

「今まで、仕事でなんの成果も出せていない自分が、ほかのことに挑戦したって、無理なんだろうな」

といった声が聞こえてきて、動けなくなっていたのです。

人には、「心の声」のほかに、「頭の声」と「体の声」があると私は考えています。

そして、この「頭」「体」「心」の3つの声によりそい、バランス良く受け止めることができたとき、私の人生は急に歯車が噛み合い出し、人生の流れが変わっていきました。

心の声の存在を知った私は、朝晩、自分に問いかけるようになりました。

「本当はどうしたい?」

最初は何もでてきませんでした。

でもあきらめずに、自分に問いかけ続けました。

するとだんだんでてきました。

かすかですが、心の声が。

自分の内側にあるもの、その心の声によりそい、心の声に従って行動するとあっさり続くのです。

驚きでした。

だから、もっと自分の欲求・思いにわがままになっていい、ということです。

子供のころの素直な欲求を少しだけでも思い出すということです。

そして、思い出せたら、その心の声によりそってみてください。
「そう思ったんだね」「わかるよ」と。

心の声はまっすぐな声。その純粋な声によりそってあげてください。
「面倒くさい」というときもあると思います。
「こわいよう」と泣き言を言うときもあると思います。
「外で遊びたい」とわがままを言うときもあるかもしれません。

そんなときも否定するのでもなく肯定するのでもなく、
「そう思ったんだね」と心の声によりそってみてください。

面倒くさい、こわいなどということは、全然悪いことではないのです。
人だから、ときにはこわがったっていい。
びくびくしたっていい。
それは当たり前のこと。

その心の声によりそうこと、そして、恐怖心を感じつつも、果敢に立ち向かい、夢に向かって一歩前へ踏み出すこと。それが大事なのだと思います。

その際に本書でお伝えした習慣化シートを活用して、エモーショナルハビットを確立していっていただきたいのです。

何か少しでも心がホカホカしたら、それは素敵なサインなのです。

最後に私の大好きなジェームズ・アレンの言葉で本書を締めくくりたいと思います。

「気高い夢を見ることです。
あなたは、あなたが夢みた人間になるでしょう。
あなたの理想は、あなたの未来を予言するものにほかなりません」

おわりに

自分の「心の声によりそう」。私が何よりも大事にしていることです。
自分の心によりそえたとき、深い安心感が生まれます。
その安心感から余裕を持って自然体で動いたとき、歴史が動きます。きっと。
あなただけの歴史、あなたしか歩めないオリジナルの人生が動き出します。

大切なことはいつもシンプルです。
私が心からお伝えしたい、たったひとつのこと。
それは、「よりそう」ということ。
自分の心の声、理想の未来の場面で、その感情を味わいたいという熱意によりそう、
ということです。
心の声によりそうことで、自然と夢に向かう行動の人生が出現します。

最優先すべきは、心の声によりそい、真摯《しんし》に耳を傾けること。そこから生まれるのは、後悔のない生涯です。

人は頭の声ばかり聞いて変わろうとしても結局は変わりません。でも、心の声によりそうことで人は変わるのです。


素直に受け入れる、素直に受け止めるということ。

自らの心の声によりそい、そして受け止めるということ。

自分の心の声を受け止め、共鳴し、そのひびきから自然と行動するということ。


そこから自分の本当の音色、本音が生まれます。

自分が自分の本音を素直に知ったとき、人は自ずと動くのだと感じています。そして行動が習慣に変わっていくのです。

私自身、心の声によりそい自然体で「夢に向かう行動の人生」を謳歌していけます！

変わろうとするより、よりそうこと。

自分の心の声によりそうこと。

「よりそう、そして、人は動き出す」のです。


最後に、本書を出版することができましたのは、ご縁をいただいたすべてのみなさまのおかげです。

出版の機会をいただいたフォレスト出版の太田宏社長、稲川智士編集長、そして最後までなかなかまとまりきらなかった原稿を粘り強く編集していただいた鹿野哲平さんに感謝申し上げます。編集協力をいただいた高橋淳二さんにも多大なお力添えをいただきました。

いつも公私にわたり、親身になってアドバイスをくださる、中井隆栄先生、平本あきお先生、吉江勝先生、野澤卓央さん、ひすいこたろうさん、セットユウイチさん、やすひさてっぺいさん、相馬純平さん、藤由達藏さん、日吉有為・晃子ご夫妻、仲野孝明・千春ご夫妻、のぶみさん、高島亮さん、宮越大樹さん、中田久美子さん、原潤一郎さん、鈴木進介さん、石田章洋さん、仁平覚子さん、仁平桃子さん、中嶋輝和さん、晏宮和来さん、丸本智佳子さん、島田瞳さん、坂本勝俊さん、関口寿子さん、ありす智子さん、渡邉康弘さん、山原すすむさん、社領大輔さん、福田香織さん、本多泉さん、麻畑紀美子さん、杉山正寛さん、木下仁さん、小西勲さん、澤岻良心さん（順不同）に心からの感謝を申し上げます。

そして、私のサポートを受けてくださっているクライアントの方々、行動イノベーションコーチングスクールのメンバーや行動イノベーション協会の認定ファシリテーターの方々、1分間行動イノベーションベーシックセミナー・1dayセミナー・100日間プログラムの卒業生のみなさんには、本当に感謝しております。みなさまの挑戦とフィードバックがあったからこそ、本書を出版することができました。

本当にありがとうございます。

そして、数ある書籍のなかで、この本を読んでくださった読者であるあなたに最大級のお礼を申し上げます。

よろしければあなたの率直な感想をお聞かせください。感想やご質問に関してできる限りの返信を約束させていただきます。感想はこちらのメールアドレスに送信ください。いつか、直接お会いできるときが来るのを楽しみにしております。

〈あて先〉info@a-i.asia
〈件名〉『「続けられない自分」を変える本』感想

そして、いつも叱咤激励しながら見守り続けてくれる妻・朝子に心から感謝します。
最後になりますが、2人の息子に、本書を捧げます。

心の声によりそうことで、
ひとりでも多くの人が習慣を味方にした、自然体の日々を過ごせますように。

大平信孝

【参考文献】

『本気で変わりたい人の行動イノベーション』　大平信孝著　秀和システム
『今すぐ変わりたい人の行動イノベーション』　大平信孝著　秀和システム
『完訳7つの習慣』　スティーブン・R・コヴィー著　キング・ベアー出版
『第8の習慣』　スティーブン・R・コヴィー著　キング・ベアー出版
『第3の案』　スティーブン・R・コヴィー著　キング・ベアー出版
『人間知の心理学』　A・アドラー著　春秋社
『人生の意味の心理学』　A・アドラー著　春秋社
『嫌われる勇気』　岸見一郎・古賀史健著　ダイヤモンド社
『アドラー心理学入門』　岸見一郎著　ベストセラーズ
『続アドラー心理学トーキングセミナー』　野田俊作著　アニマ2001
『勇気づけの心理学』　岩井俊憲著　金子書房
『アルフレッド・アドラー　人生に革命が起きる100の言葉』　小倉広著　ダイヤモンド社
『人生で起こることすべて良きこと』　田坂広志著　PHP
『成功するのに目標はいらない！』　平本相武著　こう書房
『寝ている間も仕事が片づく超脳力』　中井隆栄著　幻冬舎
『結果を出す人の時間の考え方・使い方』　小林一光著　明日香出版社

『世界一ふざけた夢の叶え方』 ひすいこたろう、菅野一勢、柳田厚志 共著 フォレスト出版
『一生を変える小さなコツ』 野澤卓央著 かんき出版
『地上最強の商人』 オグ・マンディーノ著 日本経営合理化協会出版局
『「原因」と「結果」の法則』 ジェームズ・アレン著 サンマーク出版
『自助論』 サミュエル・スマイルズ著 三笠書房
『一瞬で自分を変える法』 アンソニー・ロビンズ著 三笠書房
『モチベーション3・0』 ダニエル・ピンク著 講談社
『ケアの本質』 ミルトン・メイヤロフ著 ゆみる出版
『アツイ コトバ』 杉村太郎著 中経出版
『イノベーションと企業家精神』 P・F・ドラッカー著 ダイヤモンド社
『非常識な成功法則』 神田昌典著 フォレスト出版
『夢をかなえるお金の教え豊かさの知恵』 本田健著 フォレスト出版
『「続ける」技術』 石田淳著 フォレスト出版
『結局、「すぐやる人」がすべてを手に入れる』 藤由達藏著 青春出版社
『はじめの一歩を踏み出そう』 マイケル・E・ガーバー著 世界文化社
『人生を変える80対20の法則』 リチャード・コッチ著 阪急コミュニケーションズ
『ビジョナリーカンパニー2飛躍の法則』 ジェームズ・C・コリンズ著 日経BP社

【著者プロフィール】
大平信孝（おおひら・のぶたか）

メンタルコーチ。行動イノベーションの専門家。

1975年長野県上田市生まれ。中央大学総合政策学部卒。株式会社アンカリング・イノベーション代表取締役。一般社団法人行動イノベーション協会理事長。

就職活動に失敗し、職を転々とする20代を過ごし、「どうして自分は仕事も英語の勉強もジム通いも続けられないのだろう？」と、自分を責め続け、苦しむ。「軸なし！」と妻から叱られたことをきっかけに、アドラー心理学をベースにしたコーチングに出会うも、コーチングの練習すら続かず、さらに悩み続ける。

あるとき、「続けられる人」になるには、法則があることを発見し、最新の脳科学とアドラー心理学に立脚した「1分間行動イノベーションメソッド」を確立。会社経営者、オリンピックアスリート、トップモデル、ビジネスパーソン、主婦、学生をはじめ5500人以上の夢の加速実現・行動習慣化のサポートを実施。

続けられない、優柔不断、自分を責める癖、先延ばし癖等に悩む人に対して、夢に向かう行動の人生へと転換させるシンプルかつパワフルなコーチングメソッドには定評がある。

「プロコーチとして独立するためのコーチングスクール」と、夢実現に向けて自ら行動し、仲間のチャレンジと行動習慣化を相互支援するコミュニティ「行動イノベーションクラブ」を主宰。著書に『本気で変わりたい人の行動イノベーション』、『今すぐ変わりたい人の行動イノベーション』（ともに秀和システム）がある。

無料メールマガジン　http://www.reservestock.jp/subscribe/4308
著者問い合わせ先　info@a-i.asia

「続けられない自分」を変える本

2015年11月2日　初版発行

著　者　大平信孝
発行者　太田宏
発行所　フォレスト出版株式会社
〒162-0824　東京都新宿区揚場町2-18　白宝ビル5F
電話　03-5229-5750（営業）
03-5229-5757（編集）
URL　http://www.forestpub.co.jp

印刷・製本　萩原印刷株式会社

ISBN 978-4-89451-687-8 Printed in Japan

読者無料特典

「続けられる自分」に変わる 習慣化シート

PDF形式

最後まで読んでいただいた読者の方だけに、本書でご紹介していた習慣化シートのフォーマットをプレゼントします。この習慣化シートで、

- 本当に達成したいことに向かう感情のパワーを使う
- やるべき10秒アクションリスト
- 感情のゴールのビジュアル化

などがしやすくなります。
このシートを使って「続けられる自分」になりましょう。
下記URLより、ダウンロードして下さい。

※無料プレゼントはサイト上で公開するものであり、CD・DVD・冊子などをお送りするものではありません。

半角入力

http://www.forestpub.co.jp/habitsheet

【アクセス方法】 フォレスト出版 検索

★ヤフー、グーグルなどの検索エンジンで「フォレスト出版」と検索
★フォレスト出版のホームページを開きURLの後ろに「habitsheet」と入力